NEGRITUDE , CINEMA e EDUCAÇÃO

organizado por
Edileuza Penha de Souza

NEGRITUDE, CINEMA e EDUCAÇÃO

Caminhos para a implementação da Lei 10.639/2003

Volume 1

MAZA
edições

Copyright © 2006 by Edileuza Penha de Souza
Todos os direitos reservados
2ª Edição: 2011

Capa
Túlio Oliveira

Diagramação
Pablo Guimarães

Revisão
Ana Emília de Carvalho
Carlos Eduardo Pini Leitão

N386   Negritude, cinema e educação : caminhos para a implementação da
           Lei 10.639/2003 / organizado por Edileuza Penha de Souza. – 2.ed. –
           Belo Horizonte : Mazza Edições, 2011.
           184 p. ; 15,5 x 22,5 cm.

           ISBN 978-85-7160-528-2

           1. Educação. I.Souza, Edileuza Penha. II.Título.

                                                        CDD: 370
                                                         CDU: 37

Mazza Edições Ltda.
Rua Bragança, 101 – Bairro Pompéia – *Telefax:* (31) 3481-0591
30280-410 • Belo Horizonte - MG
e-mail: edmazza@uai.com.br
www.mazzaedicoes.com.br

A Exu, patrono das comunicações,
Orixá dos caminhos.

SUMÁRIO

Apresentação 9

Prefácio 17

FILMES NACIONAIS

Macunaíma – uma possibilidade de reflexão em sala de aula 33
    Maria Madalena Torres

Nas fendas da Minas Inconfidente 43
    Allan Santos Rosa

A imortalidade de heróis e organizações políticas 54
    Osvaldo Martins de Oliveira

Ancestralidade e diversidade na travessia do Oceano Atlântico 60
    Andréia Lisboa de Sousa, Celeste Libania,
    Edileuza Penha de Souza e Rosane Pires de Almeida

O carnaval e os mitos de Dionisos e Orfeu 69
    Rômulo Cabral de Sá

O Poeta do Desterro 82
    Paulino de Jesus F. Cardoso

A seguir cenas dos próximos capítulos: A Negação do Brasil.
Qualquer semelhança com a realidade é mera coincidência 87
    Fernanda Felisberto

Hip hop em cena: vozes e resistências da juventude negra 93
    Ana Lúcia Silva Souza

Domésticas – Nascer, deixar, permanecer ou simplesmente estar 100
    Cláudia Rangel

FILMES ESTRANGEIROS

Discussão pedagógica do filme Conrak 109
  Maria Helena Vargas da Silveira

Na primavera – Tempo de esperanças colorido de púrpura 114
  Edileuza Penha de Souza

Um grito de liberdade 125
  Denise Botelho

Faça a coisa certa 130
  Luciano José Santana

Âncora e farol: O filme Malcolm X como orientação para
a prática educativa antirracista e outros usos 136
  Ivanilde Guedes de Mattos e Wilson Roberto de Mattos

Os múltiplos sons da liberdade 148
  Nilma Lino Gomes

FICHAS TÉCNICAS E SINOPSES 159

UM POUCO MAIS SOBRE AS ESTRELAS DO LIVRO 173

APRESENTAÇÃO

Na sala de aula, como em qualquer espaço educativo, o cinema é um rico material didático. Agente socializante e socializador, ele desperta interesses teóricos, questionamentos sociopolíticos, enriquecimento cultural. E cada vez mais, tem-se intensificado o número de programas educativos e formativos em que o cinema é utilizado como um dos aparatos tecnológicos da educação.

Esta publicação começou a nascer nos intervalos do "I Seminário Internacional Saídas da Escravidão e Políticas Públicas", promovido pala UNESCO e pelo Governo Federal, em Brasília, entre fevereiro e março de 2005. Professoras, militantes dos Movimentos Negros, atentas às atividades do seminário, entre um bate-papo e outro, entrou em cena a implementação da Lei Federal 10.639/2003[1], e a seguir, como um assunto leva a outro, a discussão sobre cinema veio à tona com uma das célebres frases de Roquete Pinto em 1936: "O ideal é que o cinema e o rádio fossem, no Brasil, escolas dos que não têm escolas".

"*Dogma Feijoada* (2000) e *Manifesto do Recife (2001)*"[2], o debate desses dois movimentos do cinema negro brasileiro definiu a seleção e a escolha inicial dos filmes. Cabe aqui registrar e reconhecer a influência positiva do contato com os trabalhos de Jéferson De, Joel Zito Araújo e Noel dos Santos Carvalho.

Inicialmente a chamamos de "Cinema negro na escola". Depois de mais de dez sugestões de nomes, fizemos uma enquete entre três títulos: "Negras imagens, fortes presenças: O negro na tela e a lei no espaço escolar"; "No escurinho do cinema – Negritude e Educação – caminhos para a implementação da lei 10.639/2003" e "Negritude, cinema e Educação – caminhos para a implementação da lei 10.639/2003". Essa enquete gerou outros

---

[1] Esta Lei altera a Lei de Diretrizes e Bases para incluir no currículo oficial da Rede de Ensino a obrigatoriedade da temática "História e Cultura Afro-Brasileira".

[2] Ver: De, Jéferson. *Dogma Feijoada* – O Cinema Negro Brasileiro. São Paulo : Imprensa Oficial do Estado de São Paulo : Cultura – Fundação Padre Anchieta, 2005.

grupos de discussões entre os autores e autoras, com a finalidade de construir elementos para ação pedagógica de professores e professoras de todos os níveis e modalidades de ensino, valendo-se da cinematografia que, de alguma forma, retrata a questão étnico-racial.

Nos textos que compõem este livro, cada uma das autoras e autores revela suas poesias e o desejo de construir novos espaços na e para a sala de aula. Desejamos ardentemente que os textos sejam convite e passaporte às professoras e aos professores para levarem o cinema aos espaços escolares. Nossa surpresa foi a acolhida imediata e entusiástica do bilhete de entrada com que os autores e autoras trabalharam as linguagens cinematográficas das obras aqui analisadas. Uma de nossas preocupações foi trazer para a cena principal obras disponíveis para que a coletânea possa ser efetivamente trabalhada na escola e em qualquer espaço educativo. Por ter prevalecido a maior disponibilidade de filmes de longa-metragem no circuito comercial, não foram incluídos curtas-metragens, apesar da valiosíssima produção de curtas e documentários sobre a questão étnico-racial produzidos por nossos cineastas negros.

Consideramos importante e urgente a divulgação dos trabalhos produzidos por cineastas negros brasileiros, da mesma forma que é necessário publicar um catálogo/livro que reúna roteiros e análises dos curtas e documentários com foco na questão étnico-racial. Entendemos ainda que trabalhos como os de Agenor Alves, Antonio Pitanga, Ari Cândido, Celso Prudente, Daniel Santiago, Jeferson De, Joel Zito Araújo, Luiz Antonio Pilar, Noel dos Santos Carvalho, Odilon Lopes, Waldyr Onofre, Zózimo Bulbul e outros não podem mais se restringir a um público seleto de salas alternativas.

Como Pasolini, estamos certas de que "o cinema não evoca a realidade como a língua da literatura; não copia a realidade como a pintura; não imita a realidade como o teatro. O cinema reproduz a realidade: imagem e som!..."[3] Ainda assim o nosso encantamento pelo cinema e pela sala de aula traduz-se na satisfação de garantir que, pela exibição de filmes, a magia da sala escura possa ser re-significada ou recriada e transportada para a sala de aula.

---

[3] PASOLINI, Pier Paolo. Empirismo Hereje. Lisboa: Assírio e Alvim, 1982, p. 107

APRESENTAÇÃO

Quando entregamos o material final para publicação, tínhamos em mãos 30 artigos. Entretanto, por conveniência editorial, o livro foi dividido em dois volumes. No volume 1, estão os filmes mais antigos, e no volume 2, os filmes mais contemporâneos. Assim sendo, este volume que você tem em mão está dividido em quatro partes. A primeira parte compõe-se de nove textos que analisam filmes nacionais, enquanto a segunda é composta de seis textos que analisam filmes estrangeiros. Na terceira parte estão as fichas técnicas e as sinopses dos filmes analisados, descritas pelos autores e autoras dos textos, sobre quem são apresentadas, na parte derradeira do livro, algumas informações pessoais e profissionais. A sequência dos textos obedece à ordem cronológica de produção dos filmes que lhes dão origem.

O prefácio, escrito pelo cineasta Noel dos Santos Carvalho, "**O cinema em negro e branco**" traça a trajetória do negro no cinema brasileiro, discutindo sua representação e invisibilidade. Apresenta narrativas em que a função e a estrutura cinematográficas se convertem em construção de identidade negra no cinema brasileiro. Em poucas linhas, Carvalho sintetiza pouco mais de um século de cinema e apresenta um debate contemporâneo do negro na cinematografia brasileira. O desenvolvimento de seu texto não apenas compõe o que chamamos de **Negritude, cinema e educação** como possibilita trilhar a estética dos que desejam enveredar por essa temática.

Abrindo a primeira parte do livro, temos o texto escrito por Maria Madalena Torres sobre o clássico "Macunaíma", de 1969, do diretor Joaquim Pedro de Andrade, originário do livro "Macunaíma, o herói sem caráter", de Mario de Andrade. No texto "**Macunaíma – uma possibilidade de reflexão em sala de aula**", Torres revela a linguagem cinematográfica, discute imagens, sons e movimento. E, sem perder o foco do racismo, debate identidade, diversidade e as razões da figura heroica de Macunaíma.

O texto de Allan Santos da Rosa, "**Nas fendas da Minas Inconfidente**", estabelece um diálogo entre os filmes "Xica da Silva" e "Chico Rei", respectivamente dos diretores Carlos Diegues e Walter Lima Júnior. Apresenta os interstícios da história em que os heróis se movimentam. Mais que um recurso em sala, o texto de Allan Santos da Rosa é uma primorosa chamada à arte e à circularidade e corporalidade presentes nos espaços geográficos do Brasil e do continente africano, enfatiza a criação e recria universos com linguagem e poesia.

O filme "Quilombo", de Cacá Diegues, é analisado por Osvaldo Martins de Oliveira com o texto "**A imortalidade e organização política**", que analisa a crença e a imortalidade dos heróis negros como construção de identidade e valores do povo negro. Nessa organização política, Osvaldo Martins de Oliveira circunda a terra, o território e a territorialidade dos quilombos como espaço de conquista e de resistência.

"Na rota dos Orixás", do diretor Renato Barbieri, é analisado no texto "**Ancestralidade e diversidade na travessia do Oceano Atlântico**", escrito por Celeste Libania, Edileuza Penha de Souza e Rosane Pires de Almeida. As autoras recuperam as origens étnicas e a memória das raízes da cultura jêjenagô. Refazendo a travessia do Oceano Atlântico, o texto edifica o culto aos ancestrais no Brasil e em Benin; apresenta a religiosidade africana-brasileira como proposta de valores do *continuum* civilizatório, pois a ancestralidade mítica, cultural e histórica do povo negro conduz a comunalidade e a territorialidade do universo.

Rômulo Cabral de Sá (Sazito) analisa o filme "Orfeu", do diretor Carlos Diegues, e nos apresenta o texto "**O carnaval e os mitos de Dionísio e Orfeu**". Sazito move-se pelo panteão dos deuses gregos e romanos e encontra no caminho teorias e fundamentos da origem cósmica e histórica do carnaval. Em seu texto, paixão, alegria, tristeza, encontros e despedidas se fazem protagonistas do passado e do presente ao descobrir na linguagem poética do cinema o encantamento da literatura.

O filme "Cruz e Sousa, o poeta do Desterro", dirigido por Sylvio Back, que retrata a vida e a obra do poeta negro catarinense, foi abordado por Paulino de Jesus F. Cardoso no texto "**O Poeta do Desterro**". Dialogando com o filme, Paulino Cardoso cria nichos importantes para se desvendarem particularidades dos descendentes africanos na cidade de Nossa Senhora do Desterro, a atual Florianópolis.

"**A Negação do Brasil. Qualquer semelhança com a realidade é mera coincidência**". O texto sobre o documentário de longa-metragem "A Negação do Brasil" dialoga com o trabalho do cineasta Joel Zito Araújo. Fazendo um passeio pelas telenovelas e universos das identidades dos personagens negros, Felisberto foca o cotidiano e os estereótipos com que eles são construídos. Em sua análise, ela usa a música do rapper MV Bill para ilustrar a violência das emissoras e dos diretores que naturalizam o racismo e o preconceito racial.

Ana Lucia Silva Souza analisou o filme "O rap do pequeno príncipe contra as almas sebosas" no texto "**Hip hop em cena: vozes e resistência da juventude negra**", dos diretores Paulo Caldas e Marcelo Luna, em que Souza grafita a plenitude da juventude negra. Seu texto segue a linha dos contadores de história, desenha movimentos para educação, os usos da linguagem e resistência da juventude negra dentro e fora do espaço escolar. Como no filme, a autora não se limita a discutir a violência nas periferias das grandes cidades; traz para a cena principal os caminhos da poética, da poesia, da crítica e da ação encontrados no movimento Hip Hop.

Inspirado na peça teatral "Doméstica", de Renata Melo, o filme "Doméstica", de Fernando Meirelles, deu origem ao texto: "**Doméstica – Nascer, deixar, permanecer ou simplesmente estar**", de Claudia Rangel. A autora utiliza-se das personagens do filme para falar do universo feminino – relacionamentos, famílias, sonhos e desejos das trabalhadoras domésticas –, introduzindo possibilidades para pensar a tela de cinema e a sala de aula.

A segunda parte do livro, que analisa filmes estrangeiros, inicia-se com "**Discussão pedagógica do filme Conrak**", o texto de Maria Helena Vargas da Silveira sobre o filme "Conrak", do diretor Martin Ritt. Silveira pontua inúmeras tomadas do filme, instiga debates e direciona possibilidades de implantação da Lei Federal 10.639/2003. As abordagens da professora Maria Helena Vargas da Silveira abrem-se para reflexões na escola, especificamente para a formação de professores e professoras que desejem aprofundar os conhecimentos e práticas em relação à temática da identidade e diversidade étnico-racial da sociedade brasileira.

O texto de Edileuza Penha de Souza, "**Na primavera – Tempo de esperança colorido de Púrpura**", analisa o filme "A cor púrpura", do diretor Steven Spielberg. Souza percorre as quatro estações do ano, demarcando as cenas com passagens bíblicas, e, em sua narrativa, privilegia o universo feminino e o ciclo de amadurecimento e empoderamento vivenciado pela personagem principal interpretada pela atriz Whoopi Goldberg.

No texto "**Um grito de liberdade**", de Denise Maria Botelho, a autora estabelece um liame com o filme "Um grito de liberdade", do diretor Richard

Attemborough. Retrata a vida do líder negro Steve Biko e o seu encontro com o editor Donald Woods, discute a democracia racial no Brasil e o racismo na África Sul, compondo reflexões para que professores e professoras possam estabelecer análise comparativa entre o regime do apartheid e o holocausto.

É sobre a obra do cineasta Spike Lee, "**Faça a coisa certa**", o texto de Luciano José Santana. Discorrendo sobre o filme, o autor analisa o racismo, a intolerância e o preconceito da sociedade estadunidense, ao mesmo tempo em que traz essa discussão para o espaço e debate da sociedade brasileira.

"**Âncora e Farol: O filme Malcolm X como orientação para a prática educativa antirracista e outros usos**" é o texto de Ivanilde Guedes de Mattos e Wilson Roberto de Mattos, sobre o filme "Malcolm X" de Spike Lee, estrelado por Denzel Washington. Mattos e Mattos, tendo como foco principal a trajetória do líder negro estadunidense, apontam para a utilização do filme como poderoso recurso didático na discussão sobre as características do racismo, o processo de reconstrução da autoestima e os caminhos e perspectivas para o crescimento individual e coletivo das populações negras.

O texto "**Os múltiplos sons da liberdade**", de Nilma Lino Gomes, é uma análise do filme "Sarafina", do diretor Darrell Roodt. Gomes discute o poder e a resistência dos sons femininos como possibilidade de aprendizado, amadurecimento e mudança de comportamento e de mundo. Ao contextualizar o regime do *apartheid* na África do Sul, a autora aciona a difícil tarefa de edificar a liberdade individual e coletiva presente no filme a partir do duro aprendizado de Sarafina e amigos.

Levar o escurinho do cinema para sala de aula é muito mais do que projetar a implementação da Lei Federal 10.639/2003. É, sem dúvida alguma, promover atividades lúdicas, recreativas e estimular nossos(as) alunos(as) a encontrar no suspense, na ficção, no drama, na comédia ou animação, entre outras categorias cinematográficas, recursos para construção coletiva de uma escola democrática e harmônica, em que o compromisso com o respeito à diversidade e à construção da cidadania esteja pautado nos critérios e escolhas do roteiro curricular.

Acreditamos na memória, na circularidade e na corporalidade e na ancestralidade negra. E, por consequência, sabemos o quanto a vida, a arte, o cinema, a educação, a escola e a sala de aula são resultantes de esforços coletivos.

Sem dúvida, para concluir esse trabalho é preciso agradecer a todos e todas que de alguma forma colaboraram para essa publicação. No entanto, ao nomear os autores e autoras: Allan Santos da Rosa, Ana Lucia Silva Souza, Andréia Lisboa de Sousa, Ariane Celestino Meireles, Azoilda Loretto Trindade, Celeste Libania, Claudia Rangel, Denise Botelho, Fernanda Felisbeto, Ione da Silva Jovino, Ivanilde Guedes de Mattos, Jorge Luiz do Nascimento, José Balbino de Santana Júnior, Kátia Santos, Lavínia Coutinho Cardoso, Luciano Cardoso, Luciano José Santana, Ludmila Costhek Abílio, Marcos Ferreira Santos, Maria Helena Helena Vargas da Silveira, Maria Madalena Torres, Nelson Olokofá Inocêncio, Nilma Lino Gomes, Nilo André Piana de Castro, Osvaldo Martins de Oliveira, Patrícia Santana, Paulino de Jesus F. Cardoso, Rômulo Cabral de Sá (Sazito), Rosane Pires de Almeida, Rosangêla Malachias, Sandra Regina Ferreira Silva, Sueli de Oliveira Rocha e Wilson Roberto de Mattos, destaco o acolhimento e a confiança de que fui depositária. As colaborações e a dedicação de Carlos Eduardo Pini Leitão, Sales Augusto dos Santos e Rosana Sorbille foram fundamentais para o desenvolvimento deste projeto, e se somam à acolhida que mereceu dos cineastas que o prestigiaram, Joel Zito Araújo e Noel dos Santos Carvalho. Hoje, a efetivação do livro pela Mazza Edições e a entrega deste material ao público solidificam o pensamento expresso pelo professor Amaury Cesar Moraes, "o cinema é feito do mesmo material que nossos sonhos".

É sabido que para muitos povos, a leitura e a escrita podem ser apresentadas como poesia e criação, tornando-se veículo da história e da vida. É nessa perspectiva que apresentamos este livro. Esperamos que por meio dele, novas interpretações e novas histórias entoem o fazer poético consagrado da sala de aula e de todo espaço escolar.

A todos e a todas desejamos as luzes de uma boa leitura.

Brasília, outono de 2006
Edileuza Penha de Souza

PREFÁCIO

O cinema em negro e branco

Noel dos Santos Carvalho[4]

Aproveito esta apresentação para colocar algumas considerações breves sobre o negro no cinema brasileiro no intuito de contribuir para a temática geral deste livro. Antes, um aviso aos navegantes: no que respeita aos filmes do período mudo as pesquisas se deparam com um problema em parte insuperável. A maioria das cópias e matrizes foi perdida entre os numerosos incêndios e a má qualidade de armazenamento. As informações que nos chegaram foram obtidas através de fontes secundárias como entrevistas, jornais e revistas da época. Não obstante, os estudiosos construíram uma bibliografia que, embora rarefeita, permite-nos abrir algumas pistas. Caminhemos por ela!

Da representação lateral ao estereótipo

Encontramos representações do negro ainda nos primórdios do cinema no Brasil. No período mudo ele aparece em filmes como: *Dança de um baiano* (Afonso Segreto, 1899), *Dança de capoeira* (Afonso Segreto, 1905), *Carnaval na Avenida Central* (1906), *Pela vitória dos clubes carnavalescos* (1909) e *O carnaval cantado* (1918). Jornais da época fazem referência à presença de "pierrôs negros" no documentário sobre o carnaval paulista, *Os três dias do carnaval paulista*.

Os documentários, ou "naturais", como se dizia na época, registravam efemérides, visitas de autoridades políticas, inaugurações e a vida mundana da burguesia. Os negros aparecem nesses filmes quase sempre de forma lateral, misturados entre os populares que rodeavam a chegada de alguma

---

[4] Graduado em ciências sociais, mestre em cinema e doutor em sociologia. Dirigiu os documentários *Novos quilombos de Zumbi* (2004) e *O catedrático do samba* (1999). Membro do grupo de cineastas negros que fundou o movimento Dogma Feijoada.

autoridade ou evento. Como exemplo, cito os documentários: *Chegada de Arthur Bernardes a Belo Horizonte* (1921), *Inauguração da exposição de animais no Posto Zootécnico* (1910), *Cidade de Bebedouro* (1911), *Caça à raposa* (1913), *Visita do Dr. Pedro de Toledo* (1910-1912), etc. Aqui um outro aviso aos navegantes: o pesquisador interessado em desvendar o papel dos negros nesses primeiros registros, deve dirigir sua atenção para as bordas e o fundo dos enquadramentos e atentar para o fato de que a posição que ocupam expressa a marginalização sofrida após a Abolição (Carvalho, 2003).

A impressão que temos dessas imagens é a de que elas "escaparam" ao controle dos cinegrafistas, o que é em parte verdadeiro. Com o desenvolvimento da linguagem cinematográfica, o negro foi posto no centro da cena; não obstante, sua marginalização foi potencializada através dos estereótipos raciais associados a sua imagem. Aqui, precisamos atentar para o fato de que a edição competente de sons e imagens é uma poderosa forma de imposição de sentido e de possibilidades de exercitar o que os sociólogos chamam de poder simbólico. A linguagem cinematográfica pode (e não é raro que o faça) naturalizar uma ordem social e suas hierarquias raciais.

Deixo aqui essa observação importante, pois, na origem do desenvolvimento da linguagem cinematográfica está o *blackface*, que consiste no uso de atores brancos pintados de preto para interpretar personagens negros. Sua prática revela a essência do preconceito racial, pois nele um grupo étnico (branco) constrói representações de outro grupo étnico (negro) baseado nos seus próprios valores e visão de mundo (preconceitos). Rigorosamente, o *blackface* se estende por toda a história do cinema brasileiro, pelo menos até o momento em que os próprios negros passaram a reivindicar e praticar a autorrepresentação.[5] O filme *O nascimento de uma nação* (D.W Griffith, 1915) inaugurou o uso consciente da linguagem cinematográfica e também das representações estereotipadas do negro. Ou seja,

---

[5] No teatro o *blackface* foi frontalmente questionado pelo Teatro Experimental do Negro (TEN) desde a sua fundação em 1944. Cineastas e ativistas negros desde a década de 70 reivindicam representações do negro adequadas aos seus interesses. O cineasta negro Zózimo Bulbul e outros integrantes do movimento negro nos anos 1970 e 1980 foram incansáveis em criticar as representações dos negros realizadas por cineastas brancos. Os filmes de Bulbul expressam em sons e imagens as representações que parte do movimento negro reivindicava para si (Carvalho, 2005; 2006).

o espetáculo cinematográfico, desde a sua origem, contou com representações racistas e preconceituosas dos outros grupos étnicos e sexuais. Tendência, aliás, recorrente em várias cinematografias, mesmo a brasileira.

Nos primeiros anos do século XX o cinema brasileiro representou índios utilizando atores negros pintados de vermelho. O ator e palhaço negro Benjamim Oliveira interpretou o índio Peri no filme *Os Guaranis* (Antonio Leal, 1908). Outro negro, Tácito de Souza, fez o papel do mesmo personagem literário em mais uma adaptação do romance de José de Alencar, desta vez feita por Vittório Cappelaro em 1926, chamada *O guarani*. Representações estereotipadas aparecem nos filmes *A filha do advogado* (Jota Soares, 1926), *Aitaré da praia* (Gentil Ruiz, 1925), *Thesouro perdido* (Humberto Mauro, 1927), *O segredo do corcunda* (Alberto Traversa, 1924) e *Jurando Vingar* (Ary Severo, 1925).[6]

Um dos filmes que melhor representam a visão que se tinha dos negros no período é *O progresso da ciência médica* (Octavio de Faria, 1927). Ao pretender descrever o funcionamento de um hospital da Faculdade de Medicina do Recife, o filme acaba por expor a hierarquia racial que governava a sociedade da época. Os médicos e alunos da faculdade são todos brancos, enquanto os doentes do Hospital Psiquiátrico são todos negros e mestiços. Eles são filmados separadamente simulando os efeitos físicos das doenças, o que significa que foram orientados (dirigidos) para tanto. Aqui, como em outros filmes da época, vemos como o poder se apropria da ciência e do saber para legitimar e naturalizar formas de dominação, inclusive racial.

Eventos históricos em que houve a participação de negros também foram filmados. Em 1910, Carlos Lambertini realizou *Revolta da esquadra*, baseado no movimento dos marinheiros liderado pelo cabo João Candido. Sobre a Revolta da Chibata foram feitos ainda *A revolta dos marinheiros*, *Rebelião da marinhagem da esquadra* e *Revolta no Rio*, todos em 1910. Em 1912, Carlos Lambertini fez uma ficção sobre a vida do cabo João Candido intitulada *A vida do cabo João Candido*, mas o filme foi confiscado pelas autoridades da marinha e desapareceu (Rodrigues, 2001; Stam, 1997).

---

[6] Uma análise detalhada de cada um desses filmes pode ser encontrada em: CARVALHO, Noel dos Santos. "O negro no cinema brasileiro: o período silencioso". In: Plural – Revista de pós-graduação em sociologia, FFLCH-USP, São Paulo, n. 10, 2003, p. 155-179.

"E os negros? Onde estão os negros?"

Segundo Nelson Rodrigues, quando andou por aqui o filósofo simpatizante da negritude Jean-Paul Sartre, irritadiço com a alvíssima plateia das suas conferências, perguntou aos "dois ou três brasileiros que o lambiam": – "E os negros? Onde estão os negros?". "(...) Um brasileiro cochichou no ouvido do outro, a graça vil: – 'Os negros estão por aí assaltando algum *chauffeur*.' E Sartre voltou para a Europa sem saber onde é que se metem os negros no Brasil" (Rodrigues, 1993: 225-26), conclui Nelson.

Verídico ou não, o incidente ajuda a entender um pouco sobre as ambiguidades do contexto racial no Brasil. Embora desde os anos 1910 as teorias racistas não fizessem mais adeptos por aqui, pelo menos entre a elite letrada, a integração do negro na vida nacional sempre foi muito mais simbólica do que real. Reverenciado como um dos elementos da nacionalidade, cotidianamente o negro convivia com o preconceito e a detração da sua imagem. As denúncias de racismo eram tão constantes que o país da democracia racial aprovou, nos anos 1950, uma lei para punir os casos de discriminação e preconceito racial.[7]

Os filmes da Chanchada expressam essas ambiguidades. Mesmo sendo um gênero cinematográfico em sintonia com o nacionalismo populista e seus correlatos no plano racial – a saber, a democracia racial, a apologia da miscigenação e a crença na harmonia das relações entre negros e brancos –, um olhar mais agudo (analítico) sobre os filmes revela as tensões e assimetrias que caracterizavam as relações raciais da época.

Apenas para ilustrar o que estou afirmando, tomo como exemplo a dupla formada por Grande Otelo e Oscarito. Por um lado, ela foi a tradução do ideário da democracia racial. No entanto, quando observamos em detalhe cada filme, percebemos as diferenças no tratamento dos dois personagens. Otelo se queixava da diferença de salário entre os dois. Para ele tratava-se de uma forma de preconceito racial. Recusava-se a servir de "escada" para Oscarito nas cenas cômicas da dupla. Em alguns filmes, eles disputam pelo domínio da cena numa franca luta pela representação. O que, aliás, fazia com que o filme crescesse imensamente em termos de atuação. O

---

[7] Trata-se da Lei n. 7.437, conhecida por Lei Afonso Arinos, criada em de 3 de julho de 1951.

cineasta Carlos Manga dramatizou essa disputa no filme *A dupla do barulho* (1953).[8] Nele, Tião (Grande Otelo) forma uma dupla cômica com Tonico (Oscarito). Num certo momento, Tião recusa-se a servir de escada para seu parceiro. Para piorar, tem sua paixão pela personagem branca, Sílvia (Edith Morel), não correspondida. Ao saber que Sílvia (que ele trata por "Dona Sílvia") acha "ridícula" sua paixão, passa a beber e chegar atrasado aos espetáculos. Em um momento do filme dispara: "(...) estou cansado de ser explorado, porque não quero mais ser escada de ninguém. Estou farto dessa dupla Tonico e Tião. Grande Tonico e Tião! Por que não Tião e Tonico?".

A tensão racial aparece no filme *Também somos irmãos*, dirigido em 1949 por José Carlos Burle. Inspirado em parte nas peças encenadas pelo Teatro Experimental do Negro (TEN), criado por Abdias Nascimento em 1944, o filme conta a história da paixão de um homem negro (Aguinaldo Camargo) por sua irmã de criação branca (Vera Nunes). Além de Aguinaldo Camargo, outros atores do TEN trabalham no filme como Ruth de Souza e Marina Gonçalves. Grande Otelo faz o personagem Miro, irmão do personagem de Aguinaldo (Renato) e responsável pelas falas mais racializadas. Em uma das cenas, Miro encontra uma vendedora de acarajé na rua e tem o seguinte diálogo com ela: "Olá, baiana! Como vai? Você acredita nessa história de preto de alma branca?". Ela responde: "Que nada, meu filho. As alma são tudo da mesma cor". Miro completa: "Pois, sim! A minha alma é mais preta do que essa mão que você tá vendo". Estende a mão e continua: "Preto com alma branca..., preto com alma branca é fantasma!".

Em outros momentos a democracia racial é evocada para pôr fim às tensões étnicas. No filme *Samba em Brasília* (1960), Ivete (Carmem Montel) é uma sambista negra que almeja ser porta-bandeira da escola de samba, cargo ocupado pela loira Terezinha (Eliana). Ela se queixa: "Primeira vez que vejo uma branca assim, metida a Porta-Bandeira, no meio da gente!" E é advertida pela outra personagem, negra: "Olha aí, garota! Isso aqui é uma sociedade democrática. A gente não tem preconceito de cor, não! (Dias, 1993: 45).

---

[8] Sobre a realização do filme, Manga declarou: "Eu era politicamente meio atravessado, naquela época (...). Eu era, em suma, um cara de esquerda, cheio de ideais na cabeça, revoltado com uma série de coisas. Foi por isso que cismei de fazer um filme que questionasse a posição subalterna do negro" (Augusto, 2001: 131).

A participação dos atores negros nos filmes da Chanchada foi fundamental. Grande Otelo, por exemplo, protagonizou os principais filmes do período. Quando visto da perspectiva das representações raciais, ele é central. Percorrer sua carreira é entender uma parte substantiva das representações raciais produzidas sobre o negro. Ele trabalhou em quase todas as fases do cinema. Diferente de outros atores da Chanchada, que faziam tipos e não personagens, Otelo era um ator completo; dotado de um talento inesgotável, fez circo, revista, teatro, cinema e televisão. A partir dos anos 1950, trabalhou com os cineastas que, anos depois, fundariam o Cinema Novo, interpretando papéis de altíssimo conteúdo dramático e social.

Atores e cantores, como Colé, Chocolate, Vera Regina e Blecaute, tiveram participação em alguns filmes da Chanchada, mas sem o mesmo destaque de Otelo. Regra geral, quase todos os protagonistas eram feitos por atores brancos, como Eliana, Anselmo Duarte, José Lewgoy, Cill Farney, entre outros. No entanto, em vários filmes o negro aparece na figuração, na música, na cenografia, formando uma espécie de moldura que envolve toda a representação. Uma imagem emblemática do que estou afirmando mostra a alvíssima Eliana imitando Carmen Miranda em *Rio fantasia* (1957), cercada de músicos e bailarinas negros em um cenário estilizado de favela.

Ainda nos anos 1950, dois filmes tiveram o negro em papéis principais. Destaco *Rio 40 graus* (1955) e *Rio zona norte* (1957), seguramente os filmes que melhor traduziram o pensamento da esquerda nacionalista dos anos 50. Foram dirigidos por Nelson Pereira dos Santos e, influenciados pelo neorrealismo italiano, pretendiam retratar o que concebiam ser as condições de vida do povo.

Não cabe aqui fazer uma análise detalhada de cada filme ou sequer do período. Entretanto, vale destacar que a questão racial estava posta numa chave inteiramente nova a partir de meados da década de 50. Os congressos e convenções do negro patrocinadas pelo TEN e a intelectualidade acadêmica da época deram um duro golpe na crença que sustentava a democracia racial. Esta foi agudamente questionada. Ao mesmo tempo a esquerda nacionalista pressionava o nacional populismo por posições mais à esquerda e apostava na organização do que entendiam por povo.

Nesse contexto, o negro passa a ser objeto de discursos que partem tanto da esquerda quanto do movimento negro. Trava-se então uma curiosa disputa em que os ativistas negros chamam a atenção para a questão da raça e das desigualdades geradas pelo preconceito, enquanto os ativistas de esquerda apostam na desigualdade e na luta de classes. O negro é nesse momento uma essência a serviço de muitas causas e ideologias. Para uns ele é a expressão da negritude africana, para outros do proletariado e do povo.

Para entender o negro no cinema do período a última concepção é a mais prolífica. O sociólogo negro, ativista do TEN e do Instituto Superior de Estudos Brasileiros (ISEB), Guerreiro Ramos, ao discutir a questão da cultura na perspectiva do nacionalismo, estabeleceu uma relação unívoca entre negro e povo. Escreveu ele: "O negro é povo, no Brasil. Não é um componente estranho de nossa demografia." (Ramos, 1995: 200). Podemos tomar a formulação de Guerreiro Ramos para pensar a representação do negro nos anos 1950, principalmente se seguirmos a pista que vai dos filmes produzidos pela esquerda nacionalista ao Cinema Novo.

Desde os documentários do movimento como *Aruanda* (Linduarte Noronha, 1960), *Integração racial* (Paulo César Sarraceni, 1965), *Maioria absoluta* (Leon Hirzsman, 1964), até os filmes ficcionais de longa metragem, o negro esteve no cerne das representações do país encenadas pelo Cinema Novo. O movimento se pretendia revolucionário em vários sentidos, especialmente na exposição sem filtros com que expôs as mazelas e contradições do país. Nesse sentido, a novidade do Cinema Novo foi a construção de uma estética cinematográfica que se pretendia homóloga às condições de vida da maioria da população. É esse o sentido da expressão "estética da fome" cunhada por Glauber Rocha e que virou uma espécie de epíteto do movimento.

A representação do negro foi reivindicada pelos artistas do movimento. Em 1965, o cineasta David Neves apresentou na *V Resenha do Cinema Latino-Americano*, em Gênova, sua tese "O cinema de assunto e autor negros no Brasil". Nesse texto, absolutamente político, Neves impôs uma fronteira entre os filmes que abordaram o negro até aquele momento e o Cinema Novo que, segundo ele, inaugura uma nova forma de tratamento nos filmes brasileiros. Depois de afirmar que a Chanchada e a Vera Cruz fizeram apenas uma exploração comercial e exótica do negro, sendo a última definida como racista, Neves destaca os filmes que estariam estabelecendo as bases para um cinema negro no Brasil: "Pode-se ver que, culturalmente, a manifestação de um cinema negro quanto ao assunto foi até hoje episódica e só tem sido abordada como via de consequência. Digo foi porque, no panorama cinematográfico brasileiro, emergiram cinco filmes que serão, no método indutivo que proponho adotar aqui, as bases de uma modesta fenomenologia do cinema negro no Brasil. Os filmes são: *Barravento, Ganga Zumba, Aruanda, Esse mundo é meu* e *Integração racial*" (Neves, 1968: 75-6).

Quero apontar mais um dado fundamental quando pensamos a relação cinema e negro no Brasil. O Cinema Novo construiu uma agenda estética e política em que colocou a questão da representação racial no centro. Explico: na procura do "homem brasileiro" e da "realidade brasileira" que estes artistas empreenderam foi o negro, metaforizado na figura do povo, favelado, camponês, analfabeto, migrante, operário, etc., a chave da representação desse novo país.

Ao mesmo tempo, o negro escolhido pelo Cinema Novo foi desracializado. O antirracismo apregoado pelo movimento recusou a ideia de raça. Esta era identificada pelos cineastas como fonte do racismo. O negro foi, então, idealizado como um universal (povo, proletário, explorado) e escolhido como guia dos destinos do povo oprimido. O resultado foram filmes que procuraram elaborar processos de identificação entre uma plateia predominantemente branca e intelectualizada, quase sempre de esquerda com personagens heroicos negros. Escreve Neves: "Outro dado importante a ser notado é o fato de ter o elemento escolhido para porta-voz sido um elemento de cor e o complexo processo afetivo de identificação do público (das metrópoles, sobretudo) ter de funcionar relativamente ao destino de um líder negro" (Neves, 1968: 77).

No decorrer dos anos 1970 e 1980, o negro como representação do popular e do nacional continuou dominante na maioria dos filmes, principalmente entre os cineastas que se referenciavam nas propostas do Cinema Novo.

Cineastas negros e a questão da identidade ou "Nós falamos de nós para vocês."

Estudos sobre o cinema feito por realizadores negros no Brasil são quase inexistentes. No entanto, aqui vão algumas informações. O primeiro diretor negro foi José Rodrigues Cajado Filho. Mulato, Cajado nasceu no Rio de Janeiro em 1912 e faleceu na mesma cidade em 1966, aos 54 anos. Numa atividade que ainda constituía suas posições, ele foi o primeiro profissional a desenvolver carreira contínua como cenógrafo, roteirista e diretor. Seu primeiro trabalho foi como cenógrafo no filme musical, *Astros em desfile*, dirigido por José Carlos Burle em 1942. Desde então até o ano da sua morte, Cajado trabalhou em mais de quarenta produções, contabilizando uma média de mais de dois filmes por ano, cifra nada desprezível para uma cinematografia marcada por ciclotimias.

Nas décadas de 40 e 50, fez cenografia e roteiro para os principais diretores do período da Chanchada, entre eles José Carlos Burle, Watson Macedo, Carlos Manga e Moacyr Fenelon. Na empresa deste último, a Cine Produções Fenelon, escreveu, fez cenografia e dirigiu seu primeiro filme, intitulado *Estou aí*, em 1949. Em seguida dirigiu mais duas produções: *Todos por um* (1949) e *O falso detetive* (1950), ambos produzidos por Fenelon.

Pelas funções e pela quantidade de filmes em que trabalhou, Cajado foi mais do que um reprodutor do gênero. Os seus filmes, como os roteiros escritos, seguem as convenções de um gênero (a Chanchada) do qual ele foi um dos inventores.

Outro negro a dirigir filmes, ainda na década de 50, foi Haroldo Costa. Costa fora militante do TEN (Teatro Experimental do Negro), no qual ingressou em 1948. No ano seguinte, devido a divergências com Abdias do Nascimento, em quem reconhecia certo autoritarismo, retirou-se da trupe negra e fundou com outros artistas o Grupo dos Novos. Em seguida, viajou por várias capitais do mundo levando seu espetáculo *Brasilianas*. Em Paris, conheceu o compositor e poeta Vinicius de Moraes, que lhe mostrou a peça *Orfeu da Conceição*, na qual viria a atuar algum tempo depois.

Em 1958, Haroldo escreveu e dirigiu o filme *Pista de Grama*. Inicialmente, foi convidado para fazer apenas o roteiro, mas, ante a recusa de Jorge Ileli em dirigir o filme, acaba assumindo a direção. Sobre esse episódio, declarou: "Quando o Wilson propôs a ideia do filme, o Jaime e eu fizemos a sinopse e ficamos encarregados de escrever o filme. Para a direção eu sugeri o Jorge Ileli, que era um diretor de cinema que fez aquele filme *Amei um bicheiro*. Eu conhecia o Ileli dos tempos da UNE, ele foi meu contemporâneo. Daí pensei: Poxa, o Ileli vai ser o cara ideal! Começando a escrever o filme eu falei com ele, mas não aceitou porque estava envolvido com outros projetos

(...). Aí, na ausência ou na impossibilidade do Jorge Ileli, sobrou pra mim. Eu disse que nunca tinha dirigido um filme, mas os caras insistiram. Eu pensei: Como é que vai ser? Aí o Mário Del Rio, que era um fotógrafo e iluminador experiente, disse que tecnicamente me ajudava. Eu ficaria encarregado da concepção artística, e podia ficar tranquilo quanto à concepção técnica. Bem, aí continuamos a escrever o roteiro e a pensar no elenco".[9]

O Cinema Novo foi responsável pela iniciação de muitos atores negros no cinema. Milton Gonçalves, Antônio Pitanga, Lea Garcia, Luiza Maranhão, Zózimo Bulbul, Valdir Onofre, Eliezer Gomes, para ficar apenas com estes, iniciaram suas carreiras nos filmes do movimento. Alguns passariam para a direção ou teriam experiências esporádicas nela. Valdir Onofre, por exemplo, dirigiu o seu longa metragem, *As aventuras amorosas de um padeiro*, em 1976. O filme, seguramente uma das comédias mais divertidas do cinema brasileiro, foi produzido pelo veterano Nelson Pereira dos Santos, com quem Valdir trabalhou como diretor de elenco em várias produções.

Dois anos depois foi a vez de outro ator iniciar-se na direção: Antônio Pitanga dirige seu filme, *Na boca do mundo*. Pitanga dispensa maiores apresentações. Ao lado de Grande Otelo é um dos atores mais importantes do cinema brasileiro. Por força do seu talento como ator ajudou a definir os contornos do Cinema Novo, especialmente trabalhando ao lado de diretores como Glauber Rocha e Carlos Diegues.

Na boca do mundo conta a história de um triângulo amoroso entre duas mulheres e um homem, interpretado pelo próprio ator. Reverbera uma temática recorrente nos filmes realizados a partir do final da década de 60: a presença de personagens femininas fortes dominando a narrativa e personagens masculinos ambíguos e perplexos. Lamentavelmente, Pitanga não deu seguimento a sua carreira como diretor.

Zózimo Bulbul é o diretor, dessa geração, com maior quantidade de filmes realizados. Além da carreira como ator no cinema e no teatro, dirigiu seis filmes: *Alma no olho* (1973), *Artesanato do samba* (1974), *Músicos brasileiros em Paris* (1976), *Dia de alforria... (?)* (1981), *Abolição* (1988) e *Pequena África* (2001), a maioria, documentários de curta metragem. Já *Abolição* tem

---

[9] COSTA, Haroldo. Entrevista concedida a Noel dos Santos Carvalho. Rio de Janeiro, 30 out. 2002.

duas horas e meia de duração. Nele o cineasta repassa por boa parte da história do negro, desde a Abolição até os dias atuais.

Os filmes de Bulbul são os que mais diretamente dialogam com a agenda política posta pelo movimento negro a partir do final da década de 60. São performances documentais que apontam para a história do negro, suas lutas e as reivindicações de autorrepresentação. Chama a atenção a sincronia que mantém com as demandas mais gerais do movimento negro internacional. Nos anos da ditadura militar, Bulbul passou uma temporada em Nova York, Lisboa e Paris, além de viajar pelo continente africano. Essa experiência pelos países da diáspora negra está presente nos seus filmes. Destaco *Alma no olho* (1973), um filme que é ao mesmo tempo uma performance e um manifesto imprescindível para entender o movimento negro na década de 70. Foi inspirado no livro *Alma no Exílio*, escrito pelo ativista pelos direitos civis Eldridge Cleaver. O livro foi leitura mais que obrigatória para a intelectualidade negra na década de 70. Zózimo começou sua carreira como artista, atuando no Centro Popular de Cultura (CPC) e no Cinema Novo, no inicio da década de 60. Essa passagem influenciou os seus filmes, nos quais constatamos uma forte carga pedagógica e política.

Além dos diretores acima, muitos outros negros realizaram filmes, como Afrânio Vital, Odilon Lopes, Quim Negro, Agenor Alves, etc. Pesquisas devem ser feitas no sentido de trazer esses nomes e seus filmes para o conhecimento do público.

A partir da década de 90, jovens realizadores negros vêm se posicionando no campo cinematográfico através dos seus filmes e propondo novas formas de debater a questão racial na mídia. Destaco dois movimentos recentes encabeçados por cineastas e atores negros que reivindicaram novas formas de representação e um cinema negro.

O primeiro chamou-se Cinema Feijoada e foi encaminhado por cineastas, em sua maioria curta-metragistas, residentes na cidade de São Paulo. O grupo apoiou o manifesto Dogma Feijoada escrito pelo cineasta Jéferson De. O manifesto, também intitulado Gênese do Cinema Negro Brasileiro, propunha sete mandamentos para o cinema negro brasileiro: 1) O filme tem que ser dirigido por um realizador negro; 2) o protagonista deve ser negro; 3) a temática do filme tem de estar relacionada com a cultura negra brasileira;

4) o filme tem que ter um cronograma exequível; 5) personagens estereotipados negros (ou não) estão proibidos; 6) o roteiro deverá privilegiar o negro comum brasileiro; 7) super-heróis ou bandidos deverão ser evitados.

Os cineastas que formaram o grupo Cinema Feijoada são Jéferson De, Ari Candido, Noel Carvalho, Rogério Moura, Lílian Santiago, Daniel Santiago e Billy Castilho.

Em 2001, durante a 5ª edição do Festival de Cinema do Recife, atores e realizadores negros assinaram o Manifesto do Recife. Este reivindicava: 1) O fim da segregação a que são submetidos os atores, atrizes, apresentadores e jornalistas negros nas produtoras, agências de publicidade e emissoras de televisão; 2) a criação de um fundo para o incentivo de uma produção audiovisual multirracial no Brasil. 3) a ampliação do mercado de trabalho para atores, atrizes, técnicos, produtores, diretores e roteiristas afrodescendentes; 4) a criação de uma nova estética para o Brasil que valorizasse a diversidade e a pluralidade étnica, regional e religiosa da população brasileira. Assinaram o Manifesto do Recife os artistas: Antônio Pitanga, Antônio Pompeo, Joel Zito Araújo, Luiz Pillar, Maria Ceiça, Maurício Gonçalves, Milton Gonçalves, Norton Nascimento, Ruth de Souza, Thalma de Freitas e Zózimo Bulbul.

Nos dois casos, a agenda de reivindicações expõe a presença de novos atores sociais colocando demandas de autorrepresentação e interessados em incluir-se no mercado de produção de bens simbólicos. Posições como essas remontam aos anos 1940, quando da criação do Teatro Experimental do Negro (TEN), em que questões de representação e inserção do negro na vida nacional estavam postas. O movimento dos cineastas negros está integrado à história dos negros no Brasil nas suas investidas contra o preconceito racial.

A preocupação desses diretores é realizar filmes e ao mesmo tempo produzir uma reflexão sobre o negro no audiovisual brasileiro. Apenas para exemplificar, dois casos: Noel Carvalho e Jéferson De escreveram o livro *Dogma Feijoada, o cinema negro brasileiro*, em que apresentam uma primeira tentativa de organizar a discussão sobre o negro no cinema; Joel Zito Araújo publicou sua tese de doutoramento, *A negação do Brasil*, em que analisa o tratamento dado a personagens negros nas telenovelas brasileiras. Essas análises recuperam as reflexões feitas por intelectuais, acadêmicos e ativistas que se dedicaram às questões das relações raciais.

Quando o encontro dos filmes com os textos forma paisagens

De um modo geral, os estudos sobre cinema brasileiro seguem uma agenda nacionalista em que questões de identidade racial e (ou) de gênero não são discutidas. Ou, quando o são, aparecem mediadas pelo crivo do nacional que funciona como baliza para as discussões. Chamar a atenção sobre a cor, origem étnica e sexual de um diretor, ou obra, aparece como uma excentricidade, ou norte-americanismo, para a maioria dos pesquisadores da cultura. Frequentemente, essa disposição é interpretada como fruto de interesses políticos de grupos ativistas. Boa parte das pesquisas nessa área naturalizou as posições e teses tributárias de uma interpretação nacionalista ou totalizadora da cultura. Uma vez estabelecidas, essas posições tornam-se posições de poder e acabam por hostilizar reflexões que as desestabilizam.

Caro leitor, o livro que você tem nas mãos, como o título explicita, vincula-se aos estudos sobre o negro. Ele traz, nos seus vários artigos, uma reflexão sobre os filmes a partir de pesquisadores e ativistas ligados ao estudo da questão racial. Essa característica, por um lado, garante certa organicidade temática, difícil de conseguir em livros de coletâneas, especialmente reunindo uma quantidade grande de articulistas como este. Por outro, informa que você acaba de penetrar no terreno labiríntico das questões de identidade. A identidade é, aliás, uma boa chave para interpretar vários dos textos e filmes que formam o livro.

A preocupação da organizadora foi montar uma amostra significativa de produções em que o negro e (ou) a questão racial aparecem colocados. Alguns deles foram dirigidos por cineastas vinculados ao Cinema Novo, outros por diretores negros brasileiros ou norte-americanos cobrindo um período relativamente longo. Não nos iludamos, toda seleção já é uma interpretação. Ao leitor cabe sua própria seleção e o livro, nesse sentido, permite acesso livre e o cotejar da maneira que melhor lhe convier dos textos e filmes. É irresistível indagar: Quantas representações do negro são encenadas nestes filmes?; e ainda: Qual concepção de negro se enuncia através dos textos que analisam os filmes? Perguntas que o livro sugere nas entrelinhas e que servem como guias para uma leitura crítica tanto dos filmes quanto dos textos que leem os filmes.

O fato é que os filmes não foram feitos para os textos, eles se bastam enquanto sistemas produtores de significados. Ademais, qualquer um que já tenha tentado analisá-los sabe que não se comportam como desejamos, polissêmicos, escapam dos nossos esquemas analíticos e apontam para muitos sentidos. Impossível domá-los completamente. Os textos, por sua vez, são aventuras em busca do sentido. Revelam, entre outras coisas, a relação do autor e suas questões com um objeto dotado de autonomia. O resultado do encontro dessas duas formas discursivas não se encontra em nenhuma das duas isoladamente. Ele se realiza na leitura. As mais aventurosas, nos conduzem para os grandes campos, mostrando-nos toda a paisagem e o galope selvagem das imagens e sons. Boa leitura!

Referências Bibliográficas

AUGUSTO, Sérgio. *Este mundo é um pandeiro*. São Paulo: Companhia das Letras, 2001.

ARAÚJO, Joel Zito. *A negação do Brasil: O Negro na Telenovela Brasileira*. São Paulo: Editora Senac, 2001

CARVALHO, Noel dos Santos. *Cinema e representação racial: O cinema negro de Zózimo Bulbul*. São Paulo, 2006, 312 f. (Tese de doutorado), Faculdade de Filosofia Letras e Ciências Humanas da Universidade de São Paulo, FFLCH-USP, São Paulo.

CARVALHO, Noel dos Santos. "O negro no cinema brasileiro: o período silencioso". In: *Plural* – Revista de pós-graduação em sociologia, FFLCH-USP, São Paulo, n. 10, 2003.

CARVALHO, Noel dos Santos. "Esboço para uma história do negro no cinema brasileiro". In: CARVALHO, Noel dos Santos; DE, Jéferson. *Dogma Feijoada, o cinema negro brasileiro*, São Paulo: Imprensa Oficial, 2005.

CARVALHO, Noel dos Santos; DE, Jeferson. "Livros ruins, ou suas resenhas fazem mal ao caráter." *Folha de São Paulo*, São Paulo, 29 jan. 2002. Ilustrada, p. E 2.

CARVALHO, Noel dos Santos; DE, Jéferson. "O entreato do meu tio.", *Folha de São Paulo*, Ilustrada, São Paulo, 02 fev. 2005, p. E 2.

DIAS, Rosângela de Oliveira. *Chanchada, cinema e imaginário das classes populares na década de 50*. Rio de Janeiro: Relume Dumará, 1993.

NEVES, David. "O cinema de assunto e autor negros no Brasil". In: *Cadernos Brasileiros*: 80 anos de abolição. Rio de Janeiro, Editora Cadernos Brasileiros, ano 10, n. 47, p. 75-81, 1968.

RODRIGUES, João Carlos. *O negro brasileiro e o cinema*. Rio de Janeiro: Pallas, 2001.

RODRIGUES, Nelson. *A menina sem estrela – memórias*. São Paulo: Companhia das Letras, 1993.

STAM, Robert. *Tropical multiculturalism*: a comparative history of race in Brazilian cinema & culture. Durham and London: Duke University Press, 1997.

FILMES NACIONAIS

MACUNAÍMA - UMA POSSIBILIDADE DE REFLEXÃO EM SALA DE AULA

Maria Madalena Torres[10]

Qual a origem do filme Macunaíma?

O livro *Macunaíma, o herói sem caráter* é considerado literatura modernista, lançado seis anos após a Semana da Arte Moderna e, assim, busca romper com a estrutura do modelo de arte parnasiana.

Para a escritura dessa obra, Mário de Andrade fundamentou-se no trabalho do etnólogo alemão Theodor Koch-Grüberg, que iniciou sua pesquisa de campo no norte do Brasil, em 1911, encerrando-a em 1913. É nessa obra que encontramos a definição do vocábulo Macunaíma, como *Makhu (mau)* e *ima (grande)*, significando o "grande mau".

O modelo parnasiano de arte é abalizado num pensamento poético neutro e impessoal, sem a preocupação com a análise crítica da realidade. O culto à forma era sustentado a qualquer custo na perfeita métrica da poesia. Seus principais representantes foram Alberto de Oliveira, Raimundo Correa e Olavo Bilac.

Na pintura, o grande destaque para as mulheres foi para Anita Malfatti e Tarsila do Amaral. O modernismo foi representado, especialmente, por Mário de Andrade, Oswald de Andrade e Manuel Bandeira.

O modernismo teve fortes influências da revolução russa. A exemplo disso, o Partido Comunista foi fundado em 1922, praticamente junto com o evento da Semana da Arte Moderna. O auge desse período foi a constituição de um pensamento mais voltado para a visão crítica da realidade; a paródia,

---

[10] Educadora popular do Centro de Educação Paulo Freire de Ceilândia (CEPAFRE); professora da Rede Pública de Ensino do DF; graduada em Filosofia pela UCB; especialista em formação de professores pela FE/UnB; mestre em Tecnologia na Educação pela FE – UnB; integrante da Equipe Pedagógica do Departamento de Educação de Jovens e Adultos (DEJA)/ SECAD/MEC.

inclusive, foi a forma encontrada para refletir melhor sobre a literatura vigente, além da valorização dos falares do cotidiano, o que é bastante visível na obra em questão.

Macunaíma (Grande Otelo) está sempre vivendo uma contradição, é um índio da tribo *Tapanhumas* que nasce negro. Aliás, por que será que Macunaíma, sendo um índio, nasce negro? Seria apenas uma questão de miscigenação?

Essa narrativa fílmica, pelo menos, não apresenta nenhuma explicação que desvele tal mistério. Sua mãe é uma senhora branca, representada por um ator de sexo masculino. No momento de seu nascimento, cai, do ventre da mãe, um menino crescido. Aliás, não entendemos como essa criança fica invulnerável às lesões e arranhões da queda. Macunaíma traja vestes amareladas, abertas e compridas e está sempre a chorar. É dengoso, espalhafatoso e só aos seis anos de idade começa a falar.

Ainda criança, teve seu primeiro romance com a índia Sofará (esposa de seu irmão Jiguê), que o leva para passear no mato, dando-lhe um cigarro retirado das "partes de baixo" e o incentiva a fumar. Após as primeiras tragadas, Macunaíma transforma-se num príncipe branco e louro, com roupas de papel e tem, com Sofará, sua primeira relação sexual, o que ele passa a denominar de "brincar".

Como se dá a linguagem cinematográfica em Macunaíma?

O cineasta Joaquim Pedro de Andrade consegue colocar os escritos de Mário de Andrade em movimento, arte que a câmera tem como captar. Mário de Andrade organiza sua obra em dezessete capítulos, uma obra que põe o homem em contato com o mundo mágico das lendas e dos mitos brasileiros. É um filme que concretiza o deslocamento geográfico com grande velocidade, sem estabelecer um tempo linear. Macunaíma está na aldeia, logo em São Paulo e, em outra hora, já se encontra no Rio de Janeiro.

Assim, para compreender Macunaíma, é preciso percebê-lo como homem que vivencia muitas experiências, a do negro sem oportunidades, a do branco opressor "que se dá bem" com as mulheres e a do índio, melhor vivenciada nos mitos da floresta.

A linguagem cinematográfica é constituída por metáforas, visto que as imagens são como espelhos da realidade e é no espelho que ela se reflete.

Diversas músicas marcam as cenas do filme, nas vozes de cantores famosos como Roberto Carlos, Sílvio Caldas, Francisco Alves, entre outros, e a sinfonia de Villa Lobos.

Outra questão importante a ser mencionada na linguagem desse filme é o enquadramento, nas ruas, de pessoas que sequer são figurantes. Se observarmos com atenção as imagens, algumas pessoas fazem o maior esforço para serem apanhadas pela objetiva, nunca nas imagens de primeiro plano, mas geralmente em plano médio, na qual se capta o busto de algumas personagens e, atrás delas, estão pessoas que na ponta do pé querem ser vistas.

O educador, ao trabalhar com filme, não deve limitar-se somente às questões temáticas; o filme, além de ser assunto, é imagem, som e movimento. Não podemos empobrecê-lo com uma suposta linguagem, desconhecendo a tecnologia e o esforço dos irmãos Lumière quando, em 28 de dezembro de 1895, nos presentearam com as imagens em movimento. É como dizia Béla Balász (1983, p. 84): "Nós estamos no filme". E estamos mesmo! As narrativas, as imagens e a música mexem inevitavelmente com os sentimentos de emoção, lembrança, memória, medo, nostalgia... Enfim, cada pessoa tem uma forma de compreender o filme, mas é o debate que provoca mudanças substanciais no seu significado.

Hoje, esse filme está restaurado, portanto, vale a pena revê-lo e compará-lo com o livro, fazendo uma reflexão sobre o contexto da época e o de hoje.

Podemos considerar Macunaíma uma figura heroica?

Para Campbell (1995), um herói se faz por chamado de um ser divino. Aceitando o convite, o herói deve desempenhar uma importante missão e, geralmente, esta é coletiva, com caminhos de provas a serem cumpridas e, finalmente, com o retorno previsto ao lugar de sua origem. A maioria dessas características não está presente em Macunaíma. Ele, no entanto, é uma figura que expressa comicidade, principalmente nas cenas em que se encontra com as personagens míticas da cultura brasileira, o Curupira, a Cutia e o Gigante.

Se fosse herói, o momento decisivo que marcaria o "rito de iniciação" de Macunaíma na vida adulta seria quando sua mãe o abandona no meio do mato, como castigo pela maldade que fizera à sua família: enquanto todos passavam fome em tempos de crise, o menino escondia frutas num buraco à beira do rio. No entanto, essa foi a vingança de Macunaíma à família quando achou um animal e todos comeram a carne, deixando para ele somente as vísceras.

Macunaíma é abandonado, correndo perigo. Depois de andar longas horas até perder seu roupão amarelado na mata, encontra o Curupira e lhe pede comida. O Curupira tira um pedaço da carne de sua perna e dá ao menino, que se retira, sentindo sensações estranhas. Minutos depois, o Curupira sai atrás de Macunaíma gritando: *"Carne da minha carne, carne da minha carne".* Então, o menino a vomita para driblar o monstro.

Retomando o sentido mítico, a próxima fase seria o "rito de passagem", materializando-se no encontro com Ci (Dina Sfat), uma guerreira no livro de Mário de Andrade e no filme de Joaquim Pedro de Andrade, uma guerrilheira. Depois de uma luta corporal com Macunaíma, e um jogo de imagens confusas e muita sedução, Ci acaba se apaixonando por ele, já na sua fase de "pele branca" (representado pelo ator Paulo José).

Macunaíma, nesse sentido, é uma pálida aproximação do herói, no que depender do primeiro ciclo apresentado por Jung (1977, p.112): "Trickster é um personagem dominado pelos seus apetites [...] Sem outro propósito senão o de satisfazer suas necessidades mais elementares, é cruel, cínico e insensível [...]". Essas são algumas características apresentadas também pela personagem de Macunaíma, quando entrega os irmãos à polícia. Não obstante, se considerarmos o que pensam Campbell e Jung, não estaríamos equivocados em analisá-lo também como um anti-herói.

De Macunaíma e Ci nasce um filho negro, o Grande Otelo que volta à tela. Então, como pode nascer um filho negro de um casal branco? O mistério talvez seja simples de ser elucidado, o filho negro vem para que Macunaíma jamais apague da memória a sua origem.

Quanto ao sentido mítico, o casamento com Ci e a chegada do filho poderiam ser qualificados como momentos do "rito de passagem", que é parte integrante da estrutura mítica. Nessa perspectiva, não é possível fazer essa caracterização, visto que Macunaíma faz uma luta completamente individualizada: depois de ganhar o *muiraquitã* (uma espécie de amuleto) de Ci que foi levado pelo gigante Venceslau Pietro Pietra (Jardel Filho), toda luta obsessiva é para recuperar o objeto, para benefício exclusivamente seu.

Nessa luta, Macunaíma passa por várias fases, inclusive faz um apelo para que a mãe de santo, em transe, no terreiro de macumba, dê uma surra no gigante. Macunaíma tenta, mas não consegue tirar o amuleto do gigante.

Macunaíma joga o gigante na água e o destrói e, assim, recupera o *muiraquitã*. Com isso retorna à sua aldeia, à sua origem com os irmãos e a namorada. Os irmãos e a namorada se cansam da preguiça de Macunaíma e vão embora. Macunaíma fica sozinho, contando suas histórias para um papagaio que, mais tarde, irá recontá-las, transformando-as em mito.

A história da humanidade precisa ser recontada sempre para não perder a memória da vida. A exemplo disso, para SOUZA (1995, p. 38), "uma narrativa na qual a palavra é usada para transmitir e comunicar coletivamente a tradição oral preserva a sua memória e garante a continuidade da cultura. Os mitos exprimem pelas palavras a existência do homem no mundo, tornando-a concreta".

Macunaíma sente desejos sexuais e sai em direção ao rio. Quando vê a lendária Uiara nua, despe-se da roupa e do amuleto *muiraquitã*, pula na água e é devorado por ela.

O que revela o filme sobre o racismo?

Por que será que Macunaíma é um índio que nasce negro? Seria apenas uma questão de miscigenação? Pelo menos, o filme não apresenta nenhuma situação que desvele tal explicação.

Em princípio, podemos considerar que este filme é uma mistura de raças e etnias. A personagem consegue assumir várias identidades nesse contexto fílmico. Primeiramente, é um índio que nasce negro, mas posteriormente fica branco. Por outro lado, traz também a discussão da falta de identidade, visto que Macunaíma é jogado no mundo rural sem reconhecimento de sua identidade como criança.

Quando Macunaíma se assume como branco, cinco cenas são muito importantes para analisarmos o problema do racismo no Brasil: a primeira é quando Macunaíma passa pela transformação de Grande Otelo para Paulo José, de um índio negro para um índio branco.

Na primeira cena, após a morte de sua mãe, Macunaíma convida seus irmãos para saírem da aldeia onde vivem. No caminho, encontram uma fonte jorrando água bem no meio do mato. Macunaíma corre como uma criança para brincar com a água e à medida que se banha na fonte, sua pele muda de cor, ficando branco. O irmão mais velho, que é branco, menciona entrar na água também, mas Macunaíma não o deixa tomar banho naquela água, relembrando que ele já é branco, portanto não necessitaria daquele banho.

Na segunda cena, a brancura provoca um efeito mágico em Macunaíma, que fica com a esposa de seu irmão negro, o Jiguê (Milton Gonçalves). Daí por diante, Macunaíma sempre "se dá bem" com as mulheres. São inúmeras as que ele conquista durante o filme. Ele se torna o símbolo sexual das mulheres.

Na terceira cena, nasce, do romance do casal, um filho negro do Macunaíma branco. Essa é uma cena que reforça que, mesmo estando branco, o gene permanece, fortalecendo a memória étnica.

Na quarta cena, na cidade de São Paulo, os três irmãos estão correndo no meio da multidão e a polícia ameaça prender Macunaíma, enquanto ele diverte a todos com o seu jeito cômico, além de desviar a atenção dos policiais, dizendo que corria atrás de uma cutia, pois seus irmãos o teriam informado, falsamente, sobre a existência dela.

No filme, diferentemente do livro, os irmãos vão para a prisão e Macunaíma sai de mansinho do local, como se nada houvesse acontecido. É um rapaz meio malandro, maldoso e sem muitas afeições familiares.

No dia seguinte, os irmãos saem da cadeia. O "mano" branco de Macunaíma (Maanape), ao chegar em casa, conta para Jiguê que sofreu maus-tratos da polícia, porque "branco correndo é campeão e preto correndo é ladrão". Jiguê responde também com preconceito e ironia, dizendo ao irmão mais velho que "lugar de velho é dentro de casa". Assim, os dois demonstram preconceito em relação à raça e à idade. Nesse processo percebe-se a violência policial em relação ao negro, por conta da raça, da pobreza, do despreparo das forças policiais até os dias de hoje e, principalmente, porque o período da ditadura militar era um tempo em que as pessoas não podiam manifestar-se publicamente. É como se qualquer aglutinação de pessoas na rua fosse infringir a ordem estabelecida.

Na quinta cena, Macunaíma, para se vingar do gigante, vai ao terreiro de macumba, no Rio de Janeiro e pede a Tia Ciata que aplique alguns castigos no Gigante. Essa cena apresenta uma estética do terreiro de macumba deplorável. Tia Ciata é uma mulher negra, de roupa avermelhada brilhante, cabelos alisados e despenteados, sem contar que se torna vítima, "saco de pancada", de Macunaíma, visto que, no ritual, a mãe de santo recebe a entidade do gigante, para que esta seja surrada por Macunaíma, o qual fica todo machucado. Analisando essas cenas de violência e fazendo um paralelo com a proposta do cinema novo, revolucionário, que esperava fazer uma reflexão sobre a transformação social, a mulher negra continua sendo tratada com violência e preconceito. Por que o lugar do rito estava esteticamente tão esquisito? Por que o ritual é apresentado só para simular a ideia do mal, do castigo? Por que Macunaíma não assume a sua própria responsabilidade? Se o cinema era mesmo tão novo por que não divulgar a importância de Tia Ciata como resistência da cultura afro?

Para quem não conhece, Tia Ciata foi grande líder no lugar onde morava. Era casada com o médico negro João Batista da Silva. Sua casa era um espaço da resistência à força policial. Lá a cultura do samba foi se concretizando aos poucos.

No início do século XX, época de Tia Ciata, os negros continuaram a sofrer muitas perseguições de policiais. As autoridades tinham verdadeira ojeriza pelo batuque dos negros e os que teimassem em "batucar" seriam presos. Não obstante, no Rio de Janeiro, na Praça Onze, havia um lugar ao sol que trazia alegria aos sambistas, além das estratégias de luta para conservar a cultura negra.

Das festividades da casa de Tia Ciata surgiu Donga, aquele que compôs o primeiro samba no Brasil. O samba *Pelo telefone*, gravado em 1917 foi considerado um novo gênero musical. Portanto, quando apreciamos, em pleno século XXI, a musicalidade exuberante do carnaval e o "samba no pé" dos foliões, não podemos esquecer que a casa de Tia Ciata foi um lugar propício para a criação dessa arte.

O educador, a educadora e o audiovisual

No que se refere à experiência com o audiovisual, esta se dá, mais corriqueiramente, com os aparelhos de rádio, televisão e vídeo, ainda em casa. Portanto, quando os educadores chegam à escola, levam também muito do saber tecnológico instituído na sociedade.

Partindo dessa argumentação, o educador e a educadora necessitam integrar-se ao processo de formação continuada que lhes dê condições para encaminharem com segurança os diversos saberes acumulados e os demais que forem surgindo na escola e na sociedade, inclusive o saber do audiovisual.

Nesse sentido, o desafio de nosso tempo é também a capacitação para o uso das novas tecnologias, a partir de um olhar mais amplo, para não criarmos um sentimento, como costumava dizer Paulo Freire (2000, p.107), de "divinizá-las ou mesmo diabolizá-las". Portanto, por meio da leitura do mundo, faz-se necessário olharmos esses veículos de informação criticamente, mesmo que para isso utilizemos uma "lente" curiosa ou desconfiada de análise. É imprescindível o enfrentamento do novo. Assim, é importante que o educador e a educadora, antes da exibição, assistam ao filme e planejem as atividades referentes a ele.

Dessa maneira, esse filme pode ser ainda analisado a partir dos seguintes aspectos:

a) Diferenças entre o mundo rural e o urbano;
b) Estereótipo do povo como preguiçoso, esperto, individualista;
c) Identidade dos povos indígenas e afro-brasileiros;
d) Conjuntura brasileira nos aspectos político, econômico e cultural;
e) O período modernista do ponto de vista do rompimento do modelo de arte parnasiana;
f) O significado da Lei nº 10.639/2003[11] na escola e na sociedade;
g) A linguagem audiovisual (cinema, filme, vídeo, DVD, música);
h) A intertextualidade entre a obra literária e o filme.

---

[11] Lei que introduz a disciplina de História e Cultura Afro-Brasileira no Ensino Fundamental e no Médio.

Considerações Finais

Observando as metamorfoses pelas quais passa Macunaíma, chegaremos a uma conclusão de que existe nele um problema de identidade. Aliás, a identidade da humanidade é sustentada pela memória cultural, um homem sem memória é um ser sem face. Por isso, ora Macunaíma é um príncipe, ora é índio, é negro e é branco. E isso nos leva a questionar se devemos compreendê-lo como a simbologia do povo brasileiro, como alguns críticos tendem a interpretar. A partir daí, devemos nos fazer ainda mais perguntas: se é verdade que a maioria do povo brasileiro é preguiçosa, se é individualista e se tem a cultura de querer "se dar bem em tudo". Esse tipo de postura pode ser apenas um estereótipo atribuído ao nosso povo.

Temáticas como essas que o cinema possibilita dariam um longo debate em sala de aula. É por esse motivo que o cineasta Pasolini (1982, p.186) nos alerta de que o cinema não é só linguagem, mas "é a língua escrita da realidade (que se manifesta sempre em ação, e que representa, portanto, a realidade através da realidade)". Assim, podemos dizer que o cinema propõe uma experiência de vida cada vez mais real e crítica. Contudo, um problema que enfrentamos com a linguagem cinematográfica é que quem pensa o filme faz também a escolha do que e como apresentar a narrativa, as cenas, as imagens, o som, o foco, etc.

Para esta história, por exemplo, o foco está no Macunaíma (branco). E, nesse sentido, não podemos exigir que o filme já feito esteja segundo o nosso gosto, visto que, por mais consciência que as pessoas procurem demonstrar sobre o que produzem, elas só conseguem, subjetivamente, expressar aquilo que pensam e o que são.

Dessa maneira, pensar o povo por meio de estereótipo é uma tendência de simplificar o que é complexo. É prematuro pensar de maneira "simplista" a história de povos, raças e etnias tão distintas. Estereotipar é tornar o índio, o negro e o branco como "iguais", inclusive nas oportunidades; mas, na história do país, isso jamais aconteceu, haja vista que cada povo tem sua história de luta, sua cultura, sua diversidade.

Outra questão posta é que, se analisarmos as características comportamentais desse personagem individualista, sem afeições familiares e antagônico ao trabalho, jamais poderíamos indicá-lo como representação das peculiaridades do povo brasileiro como sugeriu Mário de Andrade, reforçado pelo diretor Joaquim Pedro de Andrade. A seriedade pelo trabalho, a natureza e a cultura, distintas das várias regiões, a solidariedade aparente e a alegria constante não nos permitem simplesmente dizer que Macunaíma é a súmula do nosso povo.

Referências Bibliográficas:

ARAÚJO, Ari, HERD, Erika Franziska. *Expressões da Cultura Popular* – As escolas de Samba do Rio de Janeiro e o amigo da Madrugada. RJ: Vozes/SEEC, 1978.

ARAÚJO, Inácio. *Cinema* – O mundo em movimento. São Paulo. Scipione, 1995.

ANDRADE, Mário de. *Macunaíma* – O herói sem nenhum caráter. São Paulo: Martins/ Belo Horizonte: Itatiaia, 1981.

CAMPBELL, Joseph. *O herói de mil faces*. São Paulo: Cultrix/Pensamento, 1995.

BALÁZS, Bela. *Nós estamos no filme.* In: *A experiência do cinema.* Rio de Janeiro: Graal, 1983.

CARNEIRO, Luiza Tucci. *História em movimento.* O racismo na História do Brasil – Mito e realidade. São Paulo: Ática, 1998.

DE NICOLA, José. *Literatura Brasileira* – Das imagens aos nossos dias. São Paulo: Scipione, 1998.

FREIRE, Paulo. *Pedagogia. Pedagogia da Indignação* – Cartas Pedagógicas e outros escritos. São Paulo: UNESP, 2000.

JUNG, Carl G. *O homem e seus símbolos.* Trad. Maria Lúcia Pinho. Rio de Janeiro: Nova Fronteira, 1997.

PASOLINI, Pier Paolo. *O empirismo herege.* Lisboa: Assírio e Alvim, 1982.

SOUZA, Sônia Maria Ribeiro. *Um outro olhar* – Filosofia. São Paulo: FDT, 1995.

SODRÉ, Muniz. *Samba, o dono do corpo.* Rio de Janeiro: Mauad, 1998.

TORRES, Maria Madalena. *Cinema* – a língua da realidade na alfabetização de jovens e adultos. Brasília: Faculdade de Educação – FE/UnB, 2005. (Dissertação de Mestrado).

NAS FENDAS DA MINAS INCONFIDENTE
Allan Santos Rosa[12]

A Minas Gerais colonial, em seu tempo de luxo, inconfidência, escravidão e quilombagem, trazendo urbanização e efervescência social até então inédita na história brasileira, baseadas na descoberta e extração dos metais preciosos sonhados já pelos primeiros europeus que aqui chegaram. É esta a Minas focalizada pelas câmeras de *Xica da Silva* e de *Chico Rei*, obras cinematográficas que buscam retratar, cada qual a seu modo (e podemos dizer que até mesmo de forma oposta) a trajetória de duas pessoas negras excepcionais que adentraram a memória popular pelos seus feitos e ascensão, explorando as fendas daquele sistema colonial garimpeiro e abalando estruturas mineiras.

Porém, para que se entenda historicamente uma produção, não nos devemos ater apenas à época retratada, mas também ao tempo que produz o retrato, cujos dilemas e conflitos influenciam sutil ou escancaradamente a forma e as mensagens difundidas. Sendo a imagem um elemento crucial para todo ser humano que reflete sobre a história, até mesmo quando se parte de essências verbais, de estudos etimológicos, não descartemos o fascínio da linguagem cinematográfica, com suas possibilidades, montagens e truques, sua técnica e exigência singulares. Iluminação e fotografia são elementos que costumam aflorar, positiva ou negativamente, quando temos protagonistas ou elencos negros; influem na receptividade do filme trazendo silhuetas saturadas, vultos carregados ou corpos e feições cintilantes, cansando ou instigando o espectador.

---

[12] É artista-educador; bacharel e licenciado em História pela USP; integrante do grupo de Capoeira Angola Irmãos Guerreiros, Taboão da Serra/SP.

Deve-se atentar para o fato que temos recortes de fatos históricos, interpretações que adaptam, dispensam, realçam ou até inventam acontecimentos, submetendo assim a história à sua história, em prol da autonomia artística. Isso ocorre também em obras literárias, plásticas e visuais.

A tentação de apreender o passado

Evidenciando a liberdade interpretativa e a imaginação criativa dos produtores, nestes dois filmes que comentamos, bastaria citar que *Xica da Silva* apresenta rapidíssima ascensão e queda da protagonista, em um envolvimento sem filhos com o contratante português, apagando assim detalhes como os 14 filhos do casal que a documentação historiográfica comprova, todos registrados pelo pai, em uma união que durou quarenta e três anos. O filme mostra também uma Xica que, após o retorno do parceiro a Portugal, teria caído em miséria e ostracismo, o que novamente se opõe às pesquisas históricas que apontam a "Imperatriz do Tijuco" como alguém que seguiu rica e poderosa, frequentando irmandades e confrarias no seio da Igreja e que foi enterrada com fausto em cemitério católico, num funeral da Igreja de São Francisco, local até então interditado aos que não fossem brancos "até a sexta geração", os de sangue mouro, negro, indígena ou judeu. Ainda a Igreja pode servir para demonstrar, já no caso do filme *Chico Rei*, como o cinema exagera ou apaga momentos e fatos históricos: o apoio católico, representado pelo personagem do padre amigo e solidário aos quilombolas, não se fundamenta quando nos remetemos aos estudos e documentos que comprovam a decidida e irrevogável repressão por parte das forças da Igreja e da Coroa, unidas contra os refúgios dos negros que buscavam a liberdade. Portanto, citamos esses exemplos apenas para frisar que a história não se apresenta pura e intocada no cinema e nem em nossas interpretações, quaisquer que sejam, pois passa a obedecer a nossas vontades, limitações e interesses em apreendê-la e trazê-la para o nosso presente.

Xica da Silva é produzido em 1976, período de plena ditadura militar e de contestações sociais e morais que abarcavam questões relativas ao papel da mulher na sociedade, não raro publicizadas pelas mulheres brancas de classe média que reivindicavam a autonomia do próprio corpo e sexualidade, também clamando pelo direito de trabalhar e conduzirem suas vidas profissionais. Vale ressaltar aqui que a mulher negra já trabalhava fora (e dentro) incansavelmente desde os primórdios do país, cuidando da própria família e também, não raro, da prole dos patrões, além de ser seguidamente estereotipada apenas como mulher-objeto para febril consumo sexual e ser carimbada como ladina ou parva, dependendo do mote racista com que se temperou e se habituou o olhar e a narrativa oficial da história brasileira, dos livros didáticos aos discursos canônicos da "alma nacional", que inclusive se arraigaram também em muito do imaginário popular. A personagem de Zezé Motta é complexa. Tanto quanto pode ser entendida como libertária e subversiva, pode ser considerada a repetição da "desbocada, gostosa e leviana" mulher negra.

Corpo: A pele e o apelo

A moral de matriz africana, longe de ser uma desvairada e leviana apologia ao sexo 24 horas por dia, traz sim uma outra percepção da sensualidade e do erotismo, diferente do puritanismo pretendido pelas doutrinas eclesiásticas. Ponto de encontro de muitas e variadas sociedades africanas, o conceito de Força Vital (o *axé*, como se diz na fonte iorubá) é tido como essência da existência, agregando o mundo e o tempo dos vivos e dos mortos, presente em diversas dimensões da vida (objetos culturais, elementos vegetais e minerais). No eterno jogo da vida, tudo que possa diminuir essa Força passa a ser evitado, fazendo-se, então, necessários ritos e atitudes constantes para sua preservação e multiplicação. O ato sexual, pela sua energia e conjugar próprios e também por sua ligação à fertilidade, é muito bem considerado. Sinal de dinamismo e gerador de Força Vital. Não havendo neste texto espaço para o desenvolvimento pleno desta questão, que seja válido então apenas o apontamento de que, sagrada e gozosa, a sexualidade pode não se restringir ou ser guiada restritamente por culpas e pecados religiosos imputados a ela.

A cultura negra não faz da pessoa um bicho instintivo, pois sua razão (também *sensível* e não apenas cerebral, como se qualifica o intelecto ocidental judaico-cristão) se faz presente em sua filosofia de vida, prática que interliga tudo: a ecologia, o tempo, o trabalho, a música, a comunidade, a ciência e, logicamente, o corpo e seus potenciais. As entidades divinizadas de matriz africana cantam, comem quitutes, dançam, namoram. E isso é também uma referência energética para o ser humano. A saúde, campo por onde se estende também a sexualidade, não é apenas corporal, é espiritual e vivenciada pessoalmente ou a dois ou em comunidade.

Contrária à secura do prazer pseudopuritano, pregado por altas cúpulas religiosas que amaldiçoavam espíritos e etnias, rotulando-as como *pagãs* ao mesmo tempo em que abençoavam o chicote e a catequização forçada, a sexualidade para o ser negro só passou a ser um estorvo quando ele passou a ser estereotipado como animal sexual, numa peculiar relação de repulsa e atração, de interdição e de transgressão da ordem moral vigente por parte dos privilegiados, que a rigor eram quaisquer pessoas que fossem brancas, sob o domínio do estado católico colonial ou imperial brasileiro e da economia escravista que se sustentava também em discursos e doutrinas racistas, além de pelourinhos e sacas de cifrões. Seria o rótulo de *animais sexuais* atribuído a homens e mulheres negras uma apelação justificadora, a pecha de *incomparáveis na cama* um tipo de alvará, garantindo fundamento à fome violadora e proprietária de barões e de seus herdeiros, de condessas e sinhás brancas?

O filme *Xica da Silva* é ambíguo e por isso interessante para ser trabalhado em aula, se devidamente acompanhado de pesquisa, empenho e coragem para que se supere um mero desfrute superficial da história, o que contribuiria ainda mais para o fomento e desenvolvimento do racismo, este velho conhecido que, de tão íntimo, já muitas vezes se internaliza e se "naturaliza" na mente, como se não fosse uma construção reforçada por séculos de ideologia escravista baseada em tentativas de se forjar uma matriz de pensamento europeu como única valoração "correta" das coisas por aqui. No caso de *Xica*, faz-se necessário então repensar e questionar as relações entre corpo-sociedade-política, problematizando o modo como nos acostumamos a representar o que é "bonito, correto, saudável, normal" nos nossos organismos vivos e simbólicos e tudo que os envolvem, das roupas aos olhares.

Não se pode desconsiderar que assistimos a uma comédia. Pelo olhar de Xica da Silva (que conduz a narrativa e curiosamente repisa vários conceitos e ângulos mais próximos dos formulados pela casa-grande do que dos vividos pelas senzalas e quilombos), satiriza-se inclusive a hipócrita e cruel elite colonial, com seus recalques sexuais por vezes enrustidos, mas não menos chacoalhados. A obra carnavaliza os conflitos e os poderes da época, assemelhando-se assim às "farsas", modalidade teatral tão presente nas diversões daquela elite dirigente mineira. Bonachona e irreverente ao extremo, a sexualidade promíscua e a futilidade são o cerne da protagonista espalhafatosa, o que anularia, a partir das informações do filme, outras possibilidades interpretativas da vasta miscigenação biológica e cultural ocorrida no país sob a forma de estupros, torturas e genocídio, traumática em vez de harmoniosa. Pode-se entender que o diretor propõe o tema da resistência e da subversão esquivando-se de uma "estética do miserê", a fim de ampliar seu público para além da esquerda acadêmica e tentando chegar aos espectadores que frequentavam as salas das chanchadas. É interessante saber que, em dois anos, *Xica da Silva* alcançou a considerável marca de mais de 8 milhões de espectadores, graças, também, não só ao formato e linguagem do filme, mas a uma dispendiosa publicidade.

Óticas e éticas da fé

Já *Chico Rei* apresenta comportamento inverso de seu protagonista, um personagem que condiciona sua ascensão à liberdade de seu povo, colocando como condição para sua alforria a manumissão de seus compadres e malungos. Sua astúcia a todo momento surge como algo em prol de todos os escravizados. Este filme, que pode ser entendido como um libelo da comunidade negra, apresenta uma sociedade mineira atenta à sua diversidade urbana, mais complexa, fermentada também por burocratas e pequenos comerciantes, sugerindo e aprofundando também uma óptica mais ampla sobre a elite e suas dissensões internas, apesar de pouco ressaltar as desavenças recorrentes entre os próprios negros, seja por suas diferentes condições sociais ou religiosas ou pela própria questão étnica. Aparecem outros atuantes sociais negros (alferes, capitão do mato, músico, integrante de confraria, negros de ganho). Não temos apenas o esquema senhor e escravo. Lembremo-nos dos problemas entre africanos e negros nascidos aqui, embates tantas vezes fomentados pelos seus "donos" ou advindos de diferenças substanciais entre visões religiosas, praticadas aqui por candomblecistas, islâmicos e cristãos. Ou ainda, conflitos por ascensão social, por posições e poderes simbólicos numa luta pela amenização do fardo de ser escravizado, gingando dentro de limites bem demarcados.

Como já citamos, o papel da Igreja no filme *Chico Rei*, por meio do padre indignado e aliado dos injustiçados (chegando até mesmo a arranjar armas para revoltosos), em nada se parece com as ações católicas durante os três quartos da história do país em que a escravidão negra perdurou oficialmente. Porém, pensando na primeira metade da década de 1980, quando o filme foi feito, pode-se entender a reflexão sobre facções da Igreja que, em suas ações comunitárias e de base, haviam abandonado o apoio à ditadura, participando da luta pelo retorno às instituições democráticas. É também no âmbito do Catolicismo que atuam as confrarias na Minas colonial, associações religiosas de negros que desempenharam papel social e político singular sob a égide de santos cristãos (negros como São Benedito ou Santa Efigênia), sendo elo de clamores e conquistas e também aglutinadoras culturais, englobando marcas e práticas afro dentro de um mapeamento cristão, propiciando possibilidades inesperadas, apresentando um viés singular no tão propalado sincretismo da nossa cultura nacional. Sincretismo que deve ser entendido em sua variedade de nuances: dentro de um processo que funde códigos, tentemos perceber quando há separação de elementos, quando há mistura-junção, paralelismos-justaposições ou convergências e adaptações. Consideremos, por exemplo, que os reis e sacerdotes de comunidades africanas encaminhados para a América representam um vínculo entre o povo, seus ancestrais e suas divindades. Entendemos, então, que as congadas ou as confrarias ofereceram outras formas de descrever a opressão vivida, revertê-la simbolicamente e instaurar uma hierarquia própria dentro do novo território brasileiro, tão interna e ao mesmo tempo tão marginal em um hediondo processo de desumanização, no qual cada pequena vitória e cada movimentação (mesmo simbólicas) no jogo podia significar muito, em meio a tantas derrotas e crimes.

Contrastando com uma religião que se considera universal (eis o significado do termo "católico"), mas que durante séculos relegou porção significativa das culturas da humanidade, operando drásticas conversões e penalidades ao se deparar com o diferente e com as imperfeições humanas (não raro, considerando-as demoníacas deformações do que fosse divino), temos a plasticidade das religiosidades negras. Estas dizem respeito sempre a um contexto e comunidades específicas. Cada lugar propicia um novo molde e novas vozes às suas formas culturais.

No Brasil, negando estreitas posições que entocam a religião como alienante "ópio do povo", da religiosidade afro floresceram possibilidades de resistência individual e coletiva, oferecendo condições para que pessoas não sucumbissem à reificação, à passividade de se aceitarem como "coisas", "bens", escravas. Ainda em nossa época colonial, tivemos sermões clássicos como os do Padre Antônio Vieira, afirmando que Igreja e escravidão (intimamente ligadas) seriam benéficas aos negros porque limpariam a alma das *maldições intrínsecas africanas*, garantindo um lugar no céu após a vida e o sofrimento purgativo terrestre.

Chico Rei é o épico de uma utopia da conquista da liberdade em vida e não para depois do enterro. Didático, mostra passagens referentes à captura e à espera num cativeiro ainda em África, focaliza a partida para o mar e a chegada dos escravizados ao Brasil onde serão negociados nos mercados das praças, toca na questão da adaptação e recriação cultural e enfatiza a resistência contra a pretensão de se transformar pessoas em peças, que partia da elite local (traficantes, clero, nobres e latifundiários, muitas vezes com o mesmo indivíduo assumindo mais do que um desses papéis) e que contou com a colaboração de negros corrompidos no processo, dos dois lados do Atlântico. Evidencia questões que devem ser aprofundadas para que se compreenda a presença negra em nosso país, diversa, mas repleta de pontos comuns: a nostalgia da África ancestral relacionando-se com o nosso espaço geográfico e os terreiros e fundos de quintais, a tradição oral e a religiosidade como fator de recuperação da força comunitária.

Outra questão que merece bastante atenção é a mescla de línguas de origens relativamente distantes, dividindo frases e cantos dos escravizados. Galanga, antes de ser apressadamente batizado Francisco, é o rei que já domina o idioma português, o que ilustra as relações políticas lusas com os reinos do Congo e Angola, que já ocorriam bem antes da consolidação do espantoso tráfico de gente e do poderio português no Brasil. O filme mostra, em navios rumando para a travessia de horror por onde se estima que tenham passado 10 milhões de pessoas escravizadas, já na saída dos portos, bocas negras intercalando com desenvoltura (e um pequeno exagero?) palavras iorubá com termos quimbundo, de origem banta. Isso nos remete à formação afro-brasileira que incorporou aqui inúmeros elementos (não apenas linguísticos) provenientes de diversos pontos da África, por vezes, similares em sua visão de mundo, de tempo, de cosmologias e de relações familiares, mas também possivelmente portadoras de óticas muito variadas decorrentes, por exemplo, do desenvolvimento diferenciado de estruturas religiosas, políticas e artísticas. Sérios trabalhos acadêmicos, pouco divulgados no Ocidente (por interesses colonialistas, por comodidade do pensamento ou pelo melindre em se tocar em assuntos tão urgentes, à flor da pele), mostram como em suas formas de prática e pesquisa a ciência na África não se apresenta uniforme, se pensarmos o continente como um todo. E é importante recordar o alto nível alcançado, entre outros campos, na astronomia, na tecelagem, na medicina, na indústria e metalurgia (vide a alta capacidade dos escravizados de Minas no garimpo, na extração e na transformação dos metais). Atentemos também para as presenças posteriores do islamismo e do cristianismo, hoje fortemente enraizados na África. Consideremos as muitas migrações, ocasionando posturas respeitosas às tradições do lugar onde se aporta (fato que se nota, talvez, no culto às entidades da terra brasileira, como se deu no caso exemplar de civilidade bantu e que originou no candomblé a reverência à ancestralidade indígena, representada no *caboclo*).

Fontes negras

Xica da Silva e *Chico Rei*, obras tão contrastantes, também têm inevitáveis elos, afinal retratam uma mesma época e lugar. Teodoro, o líder garimpeiro quilombola que surge em *Xica*, é nitidamente inspirado em Chico Rei. Menciona-se o papel dos tropeiros, que vagavam em suas montarias pelas cidades, litorais e chapadas da Colônia, repassando o que chegava dos navios carregados na Europa e também na África, atendendo a demandas, trazendo máquinas, panos, alimentos, instrumentos, etc. Nos filmes há leves e sutis citações cênicas dos pregões nas ruas, dos negros que pela sobrevivência deveriam caprichar em suas *performances*, alugando a própria força ou graça do corpo, vendendo quitutes ou negociando seus conhecimentos medicinais, seus saberes e técnicas de sapataria e marcenaria. As duas produções abordam casos de pessoas negras que chegaram a ser proprietários e por isso considerados insolentes, negros excepcionais que ascenderam socialmente utilizando brechas diferentes do sistema. Desenvolvem-se os roteiros tendo como fundo a pujante arquitetura mineira barroca. A musicalidade se expressa tanto nos urucungos, tambores e violas d'angola como em elementos de sopro e câmara, constituindo a música brasileira do século XVIII, tão negra e ainda a se aprofundar em pesquisa. Os dois filmes trazem à tona os tópicos acesos pela Inconfidência Mineira; mostram a corrupção e os meandros ilegais ativados para se evitar as cobranças, derramas e regras de mercado vindas de Lisboa; demonstram como as lutas de distintos grupos de uma mesma sociedade pautam objetivos e trilham rumos tão variados; exibem uma elite ansiosa por se libertar do jugo metropolitano português, mas interessada em não alterar nem um centímetro da condição do povo escravo. Aliás, acertadamente, os filmes ressaltam como os quilombos, afastados e em constante estado de alerta, mas não isolados, não se alienavam do sistema que os circundava, traçando elos necessários para sua sobrevivência, coletando nas cidades e senzalas armamentos, pessoal, víveres e informações que ajudavam o sustento da luta por autonomia, mantendo negociações e atritos com barões, bispos e militares.

Pensando hoje em tais questões, aceitando-se a tarefa de destruir as sequelas do sistema antigo que se notam tanto na condição econômica e material dos afrodescendentes como nas bases da ideologia hegemônica e do pensamento corrente das instituições universitárias, midiáticas, evangélicas e governamentais, podemos sugerir algumas atividades para trabalho em classe, a partir dos filmes que abordam o tempo do ouro e dos diamantes mineiros:

a) Pesquisar as línguas de origem africana (quimbundo, umbundo, iorubá, etc.) e suas influências no léxico e na sintaxe da escrita e das falas do fraseado brasileiro e do imaginário brasileiro. Pesquisar as línguas *escritas* ou as comunicações gráficas africanas (por exemplo, suahíli, tuaregue, berbere, etíope) e suas relações com a oralidade;

b) Questionar a integração do negro na sociedade brasileira e os papéis desempenhados pelas mulheres nesses processos, tantas vezes diferenciados de região para região do país;

c) Pesquisar sobre os contextos, propostas e conquistas dos movimentos negros, nacionais e internacionais (MNU, independência dos países africanos, reivindicações negras nos EUA) no período da produção dos dois filmes (1976 a 1986);

d) Utilizando-se das magistrais trilhas sonoras dos filmes, aprofundar pesquisas sobre os músicos (Clementina de Jesus, Jorge Ben, Naná Vasconcelos, Geraldo Filme, Milton Nascimento) e sobre instrumentos (cuíca, calimba, pandeiro, atabaque). Estudar origens, desenvolvimentos e significados;

e) Pesquisar as Congadas, suas características formais e seus personagens, seus cantos e os lugares onde se manifestam no Brasil. E, lembrando-se que certas expressões só podem ser expressas pelo ritual, sensibilizar-se à sua estética, filosofia e caráter sagrado e dramático;

f) Iniciar pesquisas referentes a pedagogias e formação no seio das comunidades afro-brasileiras, religiosas ou não (confrarias, grupos de capoeira, candomblés). De que forma elas lidam com o tempo, com a arte, com a família, com a natureza?;

g) A corporeidade afro, que vai muito além de meramente requebrar em coreografias apelativas ou copular sem fim, ensina-nos a perceber o mundo integrado em nós e vice-versa, não privilegiando unicamente uma relação de reflexão *apenas* intelectual sobre as coisas. Ensina a estimular a razão sensível, a nos entrelaçarmos (de corpo, alma *e* intelecto) no conhecimento e nos símbolos que vivemos em objetos, práticas e histórias. Aceitando uma abordagem poética e simbólica, tratar questões recorrentes do filme e presentes em nosso imaginário e/ou cotidiano. Água, ouro, dinheiro, rua, penumbra, horizonte, cabelos, suor, etc. Como, aliados à visão (já que os sentidos não trabalham sozinhos), a audição, o tato, o olfato *veem e pensam* cada filme?

Referências Bibliográficas

NASCIMENTO, Elisa Larkin. *Sankofa. Matrizes africanas da cultura brasileira*. Rio de Janeiro: EdUERJ, 1996.

MOURA, Clóvis. *Rebeliões da senzala*. São Paulo: Editora Ciências Humanas, 1981.

REIS, João José. *Negociação e conflito*. São Paulo: Companhia das Letras, 1989.

RODRIGUES, João Carlos. *O negro brasileiro e o cinema*. Rio de Janeiro: Editora Globo/ Fundação do Cinema Brasileiro, 1988.

LOPES, Nei. *Novo dicionário Banto do Brasil*. Rio de Janeiro: Editora Pallas, 2003.

LOPES, Nei. *Bantos, Malês e identidade negra*. Rio de Janeiro: Forense Universitária, 1988.

SOARES, Mariza de Carvalho, FERREIRA, Jorge. *A história vai ao cinema*. Rio de Janeiro: Editora Record, 2001.

STAM, Robert. *Tropical multiculturalism* – a comparative history of race in brazilian cinema & culture. Durham and London: Duke University Press, 1997.

MARTINS, Leda Maria. A oralitura da memória. In: *Brasil afro-brasileiro*. FONSECA, Maria Nazareth S. (Org.). Belo Horizonte: Editora Autêntica, 2000.

MEIRELLES, Cecília. *O romanceiro da inconfidência*. São Paulo: Círculo do Livro, 1978.

SODRÉ, Muniz. *O terreiro e a cidade*. A forma social negro-brasileira. Rio de Janeiro/ Salvador: Editora Imago/Fundação Cultural do Estado da Bahia, 2002.

FILHO, Mello Moraes. *O negro e o garimpo em Minas Gerais*. Rio de Janeiro: Editora Civilização Brasileira, 1964.

NASCIMENTO, Beatriz. A senzala vista da Casa-Grande. In: *Revista Opinião*, 15 out. 1976, p.20.

MUNANGA, Kabengele. *Negritude*. Usos e sentidos. São Paulo: Editora Ática, 1986.

HASENBALG, Carlos. *Discriminação e desigualdades raciais no Brasil*. Rio de Janeiro: Editora Graal, 1979.

SANTOS, Marcos Ferreira. *Crepusculário*. São Paulo: Editora Zouk, 2004.

OLIVEIRA, Eduardo de. *Cosmovisão africana no Brasil*, Fortaleza: IBECA, 2003.

A IMORTALIDADE DE HERÓIS E ORGANIZAÇÕES POLÍTICAS
Uma análise a partir do filme "Quilombo", de Carlos Diegues

Osvaldo Martins de Oliveira[13]

> "A liberdade não pode ser dada. O rei não pode dar o que já é meu. [...] Só fica escravo quem tem medo de morrer."
> (Carlos Diegues – Filme *Quilombo*)

A concepção de imortalidade é um elemento de grande relevância para se pensar as lutas políticas por liberdade, autonomia e direito de um grupo étnico e uma nação. Na maioria das vezes, trata-se de imortalizar na memória social os heróis políticos (que tiveram suas vidas interrompidas nas batalhas contra inimigos tidos como comuns ao seu povo) considerados significativos para os membros de um grupo étnico e uma nação. As questões relacionadas à imortalidade, enquanto fundamentos culturais da organização política, são preocupações comuns às imaginações dos membros das comunidades políticas e religiosas (ANDERSON, 1989).[14] Neste caso, pode-se pensar na preocupação com a imortalidade dos líderes e heróis que possibilitam criar o sentimento de unidade política dos grupos étnicos e nações. No caso do Quilombo de Palmares, como uma organização política de luta pela libertação dos escravizados das garras do sistema escravocrata, Carneiro (1947)[15] já havia enfatizado de maneira breve o aspecto da crença na imortalidade do rei Zumbi pelas populações e pelos escravizados que viviam nas localidades próximas a Palmares.

---

[13] Doutorando pelo Programa de Pós-Graduação em Antropologia Social da Universidade Federal de Santa Catarina, com a tese "O projeto político do território negro de Retiro e suas lutas pela titulação das terras", defendida em 26/8/2005.
[14] ANDERSON, Benedict. *Nação e Consciência Nacional*. Ática: São Paulo, 1989.
[15] CARNEIRO, Edson. *O Quilombo dos Palmares*. São Paulo: Nacional, 1988 [1947].

O filme *Quilombo*, a partir do qual analiso o aspecto da crença na imortalidade dos heróis negros, principalmente Zumbi e Dandara, bem como as lutas de Palmares, teve o seu roteiro construído por meio de diálogos com intelectuais e ativistas negros, como Joel Rufino dos Santos, Lélia Gonzáles e com o historiador Décio Freitas.[16]

A terra-território negro

Em contraposição ao sistema escravocrata e ao racismo, que é considerado um inimigo comum pelas organizações de movimento negro, o filme apresenta Palmares como "a terra dos homens livres, para onde fogem os negros que não querem ser escravos", enquanto outros negros imaginam poder voltar para sua terra: a África. A terra de Palmares é o espaço da autonomia política dos negros, isto é, o território onde se manifestam as diferenças culturais e religiosas, desde as de origem africanas, indígenas, cristãs e muçulmanas. Provenientes de distintas culturas africanas e falantes de diferentes línguas, o filme demonstra que os negros optam por falar o português, definido como a "língua dos brancos", como uma estratégia de construção do projeto político da unidade de Palmares. As diferenças culturais construídas pelos ativistas afro-brasileiros e as organizações de movimento negro eternizam o quilombo como o território da liberdade e como uma experiência política ímpar.

A terra é tema de outras cenas e expressões do filme, como: "o que se tira da terra é de todos"; o povo judeu antigo atravessou o Mar Vermelho em busca da "terra prometida"; os índios atravessam a Serra da Barriga em busca da "terra sem males"; e as terras (o território) da Serra da Barriga conquistadas pela resistência quilombola são apresentadas em contraposição às terras doadas (ou o território consentido) pelo rei de Portugal no vale do Rio Cucaú. Por fim, na guerra do rei de Portugal para destruir Palmares, os que se juntassem às tropas de combate a Palmares receberiam terras na Serra da Barriga após a sua destruição. O Vale do Cucaú, que na época pertencia ao atual Estado de Pernambuco, era uma gleba de terras doada pelo rei de Portugal para que os negros deixassem seu território de Palmares

---

[16] A respeito desse diálogo, consultar NADOTTI, Nelson, DIEGUES, Carlos. *Quilombo* – Roteiro do filme e crônica das filmagens. Rio de Janeiro: Achiamé, 1984.

conquistado pela resistência política do quilombo. À medida que Ganga Zumba aceitou o acordo com o rei e migrou para o Cucaú com uma parte dos quilombolas, que passaram a viver no território permitido e vigiado pelo rei, ele se deu conta de que havia perdido a autonomia política e havia sido traído. Ao ser envenenado, antes de sua morte, aconselhou os quilombolas que voltassem para Palmares e resistissem ao lado de Zumbi.

O quilombo se inicia com as mulheres

O filme apresenta a primeira liderança de Palmares como sendo uma mulher, Acotirene, e com ela predomina uma teocracia (um governo ou um sistema político dominado por sacerdotes, neste caso sacerdotisa, representantes de deuses), em que os orixás orientam as decisões e ações da governante. Nas cenas voltadas para Acotirene, parece que o produtor do filme tenta associar o surgimento do quilombo às experiências religiosas dos descendentes de africanos de tradição cultural nagô, pois Acotirene é vista como uma Yalorixá que governa um território sob a intervenção dos deuses africanos. Neste sentido, a escolha do sucessor de Acotirene, Ganga Zumba, é feita sob a intervenção de Xangô, o Deus da Guerra.

Dos úteros femininos nascem os quilombolas e suas lideranças, sejam elas femininas ou masculinas, como a caminho de Palmares, quando um grupo de escravizados partia em busca da liberdade, nasceu Zumbi, o futuro rei do quilombo. Uma outra liderança feminina que se destaca no filme, pelo espírito de guerreira e de sonho de autonomia, é Dandara. Ao assassinar aquele que pretendia tirar sua liberdade com a espada do próprio senhor, ela recusa a ideia de retorno à África e afirma que veio de Palmares e para lá estaria retornando. Em Palmares, ela luta primeiramente ao lado de Ganga Zumba em defesa da autonomia do território, mas, depois, ao perceber que Zumbi é o guerreiro da liberdade que ela viu parir, passa a lutar ao lado daquele que, como um fogo abrasador, incendeia os espíritos daqueles que têm dentro de si o sonho de uma nação negra livre da opressão do sistema escravocrata. A imortalidade de Dandara se expressa nos nomes das filhas dos(as) militantes das organizações dos movimentos negros, para que o significado dessa liderança feminina permaneça vivo nas consciências dos integrantes dessas organizações.

Zumbi foi assassinado em defesa do que o rei não teve o poder para lhe tirar: a liberdade

Uma criança nasce a caminho de Palmares durante a fuga de um grupo de escravizados. Essa criança se torna afilhada de Abiolá (Ganga Zumba) e, posteriormente, ainda criança, é sequestrada pelos capitães do mato e vendida a um padre. Ali recebe o nome de Francisco, onde é educado e aprende o latim e a função de coroinha. Entretanto, aprende também que ali não é seu lugar, mas sim em Palmares, para onde partiu quando tinha cerca de 15 anos. Ao se tornar o general das armas, ele recebe o nome de Zumbi, proveniente de *Zambi* (termo da tradição banto que significa "Deus da Guerra").

A política da resistência de Palmares ocorre pela relação com a política da dominação e da escravização dos portugueses, pois Zumbi, antes de se tornar líder, vivera como coroinha de um padre, aprendera o latim e as manhas da política europeia. Como líder de Palmares, Zumbi lutou pela liberdade dos membros do quilombo e daqueles que ainda continuavam escravizados. Preferiu morrer na guerra, em 1695, enfrentando o maior exército organizado pelo império colonizador português, do que voltar a ser escravo, porque acreditava que os ideais da luta por liberdade e por autonomia jamais poderiam ser tirados pelos escravocratas, mesmo sendo assassinado por eles.

Os quilombos e as organizações de movimento negro

As comunidades dos quilombos do passado, assim como as do presente, foram e são formas de organização política baseadas na autonomia, tanto em termos de produção econômica quanto nas dimensões da construção das diferenças culturais e sociais. Em todos os estados do território brasileiro, sempre existiram comunidades dos quilombos formadas majoritariamente por africanos e seus descendentes escravizados no Brasil, mas não se pode afirmar que elas eram e são compostas exclusivamente por negros, visto que nelas sempre se encontraram alguns brancos, indígenas e mestiços. Com o fim do sistema escravocrata, essas comunidades assim compostas, que foram denominadas como quilombos pelos agentes estatais e governamentais encarregados de persegui-las e destruí-las, continuaram existindo em todo o território nacional. As organizações de movimento negro – desde a Frente Negra Brasileira na década de 1930, o Teatro Experimental do Negro nos anos 40, o Movimento Negro Unificado no final da década de 1970 até os Agentes de Pastoral Negros a partir de meados dos anos 1980 – apropriaram-se do termo quilombo ressignificando-o para se referir às suas formas de organização política e aquelas das comunidades assim definidas no passado. O termo quilombo tem sido empregado para organizar as lutas pelos direitos sociais das populações negras. Em meados dos anos 1980, as lideranças de comunidades negras do meio rural, contando com o apoio de algumas organizações de movimento negro do meio urbano, organizaram a luta pela inclusão, na *Constituição Federal de 1988*, do direito ao reconhecimento e à titulação das terras por elas ocupadas. Assim, surgiu o direito étnico das comunidades dos quilombos a terem tituladas as terras por elas ocupadas, bem como o seu patrimônio histórico e cultural reconhecido e respeitado. Atualmente, em todo o Brasil, tem-se notícia de mais de 2.200 comunidades quilombolas, sendo que mais de 1.000 estão registradas no Livro de Cadastro da Fundação Cultural Palmares do Ministério da Cultura.

As organizações de movimento negro se consideram herdeiras da resistência e das estratégias de organização política dos quilombos. Para essas organizações, pensadas enquanto grupos étnicos, Zumbi dos Palmares e Dandara se tornaram seus heróis e ancestrais políticos imortalizados nas consciências de seus integrantes (sobretudo de suas lideranças). Para constatar a concepção e a simbologia da imortalidade de Zumbi, basta consultar o documento[17] da "Marcha Zumbi dos Palmares contra o Racismo, pela cidadania e a vida". Essa marcha, cujo tema era: "Zumbi: 300 anos de imortalidade", se dirigiu a Brasília (DF) em 20 de novembro de 1995, quando se completaram os 300 anos do assassinato desse "herói" político negro. No citado documento, estão publicadas fotos de faixas que foram conduzidas na marcha, nas quais estão inscritas frases como: "Zumbi dos Palmares Vive". Nessa Marcha as organizações de movimento negro manifestaram-se ao poder público, por meio do idioma da

---

[17] Cf. Documento – *Por uma política nacional de combate ao racismo e à desigualdade racial*: Marcha Zumbi contra o racismo, pela cidadania e a vida. Brasília: Cultura Gráfica e Editora Ltda, 1996.

mobilização política, reivindicações de direitos e políticas específicas referentes à terra, educação, emprego, saúde e moradia.

A simbologia política da imortalidade do "rei" (Zumbi) da resistência é apropriada pelas lideranças de organizações de movimento negro, que a transformam em força de mobilização nacional. Neste sentido, ela está motivando a preparação da marcha "Zumbi + 10", que se dirigirá novamente a Brasília em novembro de 2005, "nos 310 anos de imortalidade de Zumbi", para atualizar os projetos e os pleitos das políticas públicas destinadas à população afro-brasileira. Essa simbologia e crença na imortalidade do rei e herói negro pode ser constatada também nas letras de canções de organizações de movimento negro, como as dos Agentes de Pastoral Negros, que diz: "Êei Zumbi, Zumbi ganga meu rei, você não morreu, você está em mim".

Questões para debate

Você já tinha ouvido falar em quilombo? O que e onde?

Em seu município existe alguma comunidade composta majoritariamente por negros? Como vivem seus membros?

O que você já tinha ouvido falar sobre Zumbi dos Palmares e sobre Dandara?

Converse com uma liderança de movimento negro e faça essas perguntas a ela.

ANCESTRALIDADE E DIVERSIDADE NA TRAVESSIA DO OCEANO ATLÂNTICO

Andréia Lisboa de Sousa[18]
Celeste Libania[19]
Edileuza Penha de Souza[20]
Rosane Pires de Almeida[21]

Ouça no vento
O soluço do arbusto:
É o sopro dos antepassados.
Nossos mortos não partiram.
Estão na densa sombra.
Os mortos não estão sobre a terra.
Estão na árvore que se agita,
Na madeira que geme,
Estão na água que flui,
Na água que dorme,
Estão na cabana, na multidão;
Os mortos não morreram...
Nossos mortos não partiram:
Estão no ventre da mulher
No vagido do bebê
E no tronco que queima.
Os mortos não estão sobre a terra:

---

[18] Nasceu em São Paulo. Graduada em Letras e Doutoranda em Educação pela USP.
[19] Nasceu em Gandu, cidade do interior da Bahia, é contadora de histórias, graduada em Letras pela UFMG.
[20] Professora, historiadora e contadora de histórias, nasceu no Espírito Santo.
[21] Professora na Rede Municipal de Ensino de Belo Horizonte, graduada em Letras e Mestre em Teoria da Literatura pela UFMG.

> Estão no fogo que se apaga,
> Nas plantas que choram,
> Na rocha que geme,
> Estão na casa.
> Nossos mortos não morreram.
> **Ancestralidade.** *Birago Diop, poeta africano*

No antigo Reino do Benin, as pessoas capturadas para embarcar nos navios negreiros eram obrigadas a dar voltas em torno da *Árvore do Esquecimento*. As mulheres, por acumularem mais memória, davam nove voltas, enquanto os homens a rodeavam sete vezes. No imaginário colonial, cumprir esse ritual era apagar a memória, era esquecer valores e crenças, era romper laços de identidade materiais e afetivos, e, acima de tudo, era perder a sabedoria herdada dos ancestrais.

O objetivo era fazer os povos africanos esquecerem sua história e cultura. No pensamento racista dos colonizadores, após a travessia do Oceano Atlântico negros e negras se tornariam dóceis escravos e escravas de seus senhores. Entretanto, quem nasce livre nunca será escravo, e o plano arquitetado fracassou. Como bem afirma a Prof[a]. Narcimária Correia do Patrocínio Luz: "esse projeto ideológico católico-romano se desmoronou no Brasil, diante da pujança irredutível dos valores da tradição africana" (2000, p.135).

> Essa memória, enraizada na multiplicidade da herança negro-africana, expande, com força total, um ethos que passando a diversidade de suas expressões manifestas – Nagô, Jeje, Angola, Cango, etc. – permite revelar estruturas, valores, normas, denominadores comuns onde a questão da ancestralidade mítica e histórica marca a existência de uma forte comunalidade. É na memória e no culto aos antepassados que essa comunalidade se afirma. (SANTOS, 1988)

A primazia com que o *continuum civilizatório* africano se apresenta no documentário *Atlântico Negro – Na Rota dos Orixás*, de Renato Barbieri, é a evidência de que, mesmo dando voltas e mais voltas na *Árvore do Esquecimento*, a crença nos Orixás, Inquices e Voduns impediu que o povo negro perdesse sua memória civilizatória.

Na Rota dos Orixás apresenta a origem das raízes da cultura jêje-nagô em terreiros de Candomblé em Salvador, que, com a mesma influência, gerou o Tambor de Mina Maranhão.

A escolha do documentário de Renato Barbieri deu-se pela riqueza poética com que os princípios das tradições religiosas de matriz africana são apresentados e dialogam com o cotidiano de quem o vê, "carregamos no corpo todas as marcas da nossa ancestralidade e de nossa identidade cósmica. Somos todos filhos de orixás, filhos das forças da natureza" (MACHADO, 2004, p.110).

O patrimônio civilizatório na diáspora impôs a nós, negros e negras, a construção de um processo de solidariedade e comunhão sem o qual não teríamos sobrevivido. Como bem afirma Muniz Sodré: "na comunidade do terreiro, não se cuida apenas do religioso em si mesmo". O culto é uma forma de vida. "É preservação, continuidade de uma forma de vida milenar, anterior dezenas de séculos ao cristianismo".

Os espaços das comunidades-terreiro estão solidificados na territorialidade, na representação espacial e geográfica da "África Genitora", onde o espaço mítico pode ser recriado e materializado em cada árvore, em cada casa, em cada oferenda, para impedir a morte do grupo. Esses valores da arquitetura são o sentido mítico que as comunidades-terreiro apresentam para preservação dos espaços naturais. As comunidades-terreiro se sedimentam enquanto localização espacial constituindo a comunalidade, "espaço de preservação, expansão e continuidade dos valores sagrados que constituem a visão de mundo africano-brasileiro, expressa através do culto aos orixás e/ou aos ancestrais" (LUZ, 1997, p.199).

No continente africano, as religiões tradicionais têm origem milenar. Os cultos à ancestralidade, aos espíritos dos mortos ou às forças cósmicas (inquices, orixás e voduns) que governam a natureza são resultados da diversidade e da pluriculturalidade dos diferentes povos. O africano é um povo ritualístico, em cujos rituais as palavras, os gestos, os deslocamentos do corpo, os sons, os objetos, os cânticos e a boca – sopro vital – reconstroem o mundo. No documentário, a dinâmica da civilização africano-brasileira é desenvolvida por meio de diálogos à distância entre Pai Euclides Menezes, do Terreiro Fanti-Asanti, no Maranhão, Brasil, e a Avimadjé-Non, sacerdote de vodum do Benin. No encontro dos dois babalorixás, ocorre a volta do ritual sagrado atemporal, das heranças, da continuidade e da ancestralidade da reconstrução das origens, oferendas, etnias e memória. Recupera-se o poder.

O lugar dos Sons: Palavras e Gestos

Nossa história é marcada fortemente pelos ritmos, toques, danças, sons, rodopios e gestos vindos da África. A vida no Aiyê – a terra, nosso chão, está em contraposição ao Orun, espaço mítico habitado por Olorum e os deuses africanos – é perpassada pelos cânticos rituais entoados para diversas finalidades: agradecimento, apresentação, despedida, saudação, oferendas e outros.

O canto ritual é também espaço de prece, lugar especial na poética da oralidade, onde há elementos de união entre aquele que entoa o cântico e o outro que o recebe. O documentário expressa de maneira bastante significativa todo esse acervo oral de ligação entre as duas nações, de modo que um dos seus elementos que os(as) educadores(as) podem absorver é a proposta contínua de construção cultural sedimentada no encontro entre os dois babalorixás e suas comunalidades.

De um lado do oceano Atlântico, estão os descendentes de escravizados baianos que retornaram para o Benin e, através de gerações, celebram as tradições que seus ancestrais construíram no Brasil. Do outro, os brasileiros, descendentes de escravizados africanos, mantêm as tradições que herdaram de seus mais velhos.

A canção ancestral entoada pelos dois babás reafirma os laços de intimidade, de cumplicidade e de ligação entre os dois povos. Na gravação mostrada a Avimadjé-Non, Pai Euclides, apresentando-se como Talabiã de Lissá, afirma reverenciar, naquele dia, o grande vodum *Azen* – cujo nome aparece desenhado em uma das paredes da Casa Fanti-Ashanti – e canta em *fon* uma música herdada da fundadora da Casa das Minas. Sua canção é ancestral, é o canto de sua família que somente poderia ser entoado por um dos seus. Um canto conhecido e ensinado somente aos membros daquela dinastia.

Do outro lado do oceano, Avimadjé-Non e seus acompanhantes escutaram a música gravada na Casa Fanti-Ashanti. Foi tanta alegria e surpresa que o sumo sacerdote Adjahô-Houmosse, emocionado, fala:

"Eu peço ao Senhor que uma aproximação se faça entre os dois países porque estamos reunidos diante do mesmo moinho que esmaga os condimentos. [...] Eu considero que essa história é a história de duas crianças que foram separadas e que nunca se viram. Cada uma delas teve filhos e esses filhos nunca se viram, mas um dia a ocasião foi dada a seus descendentes para se conhecerem. Esse reencontro seria alguma coisa inexplicável. Sua alegria será inestimável e nós nem poderíamos qualificá-la. É alguma coisa extraordinária".

O reencontro aqui descrito pelo sumo sacerdote representa a continuidade ancestral e corresponde ao axé: energia que possibilita formular as complexas redes de identificação cultural e imprime sentidos, direção, força e linguagem como algo que se projeta na unidade mítica entre a América e a África. O sagrado se apresenta em sua dimensão atemporal, reduzindo a distância geográfica, restabelecendo laços e elos perdidos na história do povo negro.

Quando Pai Euclides é visto pelos sacerdotes beninenses como descendente de dahomeanos escravizados que trouxeram o vodum para o Brasil, podemos destacar outro elemento importantíssimo para compreensão de todo o processo de resistência do povo negro africano e afro-brasileiro, desde sua captura e sequestro de África até os dias atuais. Inegavelmente, a "chave" dessa interpretação é a música entoada por Pai Euclides que retoma um canto de sua família numa canção ancestral.

Sem perder a memória, mais que isso, sem deixar de revisitar as tradições de seus ancestrais, esse povo soube manter vivo, com a força dos orixás, todo um legado cultural e de sobrevivência que hoje vem sendo recuperado e rememorado, tornando-se, cada vez mais, esteio da sociedade brasileira.

Os Orixás e as representações dos elementos da natureza

Quando cultuamos os orixás, voduns e inquices, estamos, concomitantemente, cultuando a natureza. Neste sentido, a água, a terra, o ar e o fogo são elementos que interagem e se confundem com os próprios orixás; elementos da natureza que, personificados e transformados em mitos, são incorporados ao cotidiano dos membros das comunidades-terreiro.

Então, quando reverenciamos o orixá Oxum, por exemplo, estamos homenageando as águas doces que habitam todo o planeta, as suas múltiplas ações, seus recantos, suas funções e importância para o ser humano; estamos reverenciando a vida e a origem dela, visto que a água é o primeiro elemento natural a que o ser humano tem acesso, ainda no período de sua formação.

No panteão africano, os orixás são o resultado da união das energias de todos os elementos da natureza, compreendendo por natureza o mundo natural, ou seja, os orixás envolvem todo o universo e tudo o que o integra: animais, vegetais, pessoas, plantas, etc.

De acordo com a tradição oral, processo pelo qual é feita a transmissão dos conhecimentos das religiões de matriz africana, os orixás, quando personificados, tiveram uma curta passagem pelo nosso mundo. Após fatos heroicos ou divinos, retornaram para o orum (além/céu), deixando para nós os ensinamentos dos seus feitos que até hoje são seguidos e reverenciados nos terreiros. Quando uma pessoa recebe a energia de um orixá, ela está emprestando o seu corpo para que o orixá possa reviver e apresentar para os seres humanos a sua epopeia do período em que viveu na Terra. Pelos cânticos e danças são relembrados os seus grandes feitos e é também o momento em que a comunidade agradece aos orixás a sua graça e bondade.

No vídeo *Na rota dos Orixás*, apresenta-se, em outra sequência, a volta dos cineastas do Benin e a sua chegada à Casa Fanti-Ashanti, trazendo para Pai Euclides uma mensagem gravada de Avimadjé-Non e alguns presentes enviados por ele, entre os quais um bastão cerimonial, que foi recebido ritualmente por Pai Euclides e por vários filhos da Casa.

Conhecendo alguns valores da religiosidade africana

O candomblé era considerado crime, pois desafiava o poder do Estado escravista e da Igreja. Os negros, escravizados ou não, constituíam permanente ameaça, pois organizavam revoltas, rebeliões e fugas. Muitas pessoas do candomblé foram presas, mas isso não as fez recuar com medo nem determinou a sua extinção. Em qualquer nação de candomblé – Keto, Angola ou Jeje – a visão de mundo e a forma de conceber o sagrado são notáveis! Os orixás para os de Keto, os inquices para os de Angola, os voduns para os de Jeje reforçam a solidariedade, a dignidade, a própria humanidade dos povos africanos e seus descendentes, na luta pela cidadania brasileira.

As religiões de matriz africana sofrem, no presente, campanhas sistemáticas – difamação, agressão – por parte das igrejas pentecostais, como no passado sofreram com a perseguição da Igreja Católica, e até da polícia.

Mas a resistência do povo de santo continua, proporcionalmente às agressões sofridas. Na década de 1950, o candomblé foi colocado na categoria de contravenção penal. A licença para o toque tinha que ser registrada na Delegacia de Jogos e Costumes e vários terreiros se negaram a esse tipo de humilhação. Nos anos 70 do século XX, por pressão e luta das comunidades-terreiro, o código penal foi alterado, militantes do movimento negro e movimentos religiosos exigiram que fossem resgatados e devolvidos aos terreiros os emblemas e ferramentas que estão expostos no chamado *Museu do Crime* – Museu Estácio de Lima –, em Salvador. O reconhecimento do candomblé como patrimônio cultural é resultado da resistência e da luta dos terreiros, das casas de santo. Uma luta árdua e sem tréguas.

Questões para a sala de aula

1. Depois de assistir ao vídeo, o grupo apresenta as ideias e situações que mais lhe chamaram a atenção. O(a) professor(a) deverá anotar no quadro, a fim de visualizar com o grupo, as principais demandas e buscar apoio bibliográfico para construir a continuidade do debate.

2. Para algumas turmas, o(a) professor(a) poderá solicitar a leitura do livro *Do outro lado tem segredos*, de Ana Maria Machado[22], a fim de produzir textos estabelecendo alguns paralelos entre o Brasil e o continente africano.

3. Os educadores e educandos envolvidos nessa reflexão poderão solicitar a presença, na escola, de uma sacerdotisa ou sacerdote de candomblé (ialorixá ou babalorixá) para que as dúvidas, questões e curiosidades sejam respondidas e uma reflexão/discussão mais aprofundada do tema possa ocorrer.

4. Sugerir a visita dos envolvidos – tanto educadores quanto alunos(as) – a uma casa religiosa de matriz africana, tradicional na região onde se encontra a escola, para conhecer mais de perto o cotidiano desse espaço.

---

[22] Rio de Janeiro, Ed. Nova Fronteira.

5. Buscar, em fontes diversas, mais detalhes da presença dos orixás na natureza, suas peculiaridades, as características de seus filhos e filhas, seus feitos, as várias histórias que há de cada um.

6. Solicitar aos(às) estudantes que realizem entrevistas com as pessoas mais velhas da família e/ou comunidade que ainda mantêm na memória as manifestações culturais de sua infância e relacioná-las com a recriação africana no Brasil.

7. Valendo-se da internet e de algumas revistas, como *Cadernos do Terceiro Mundo,* estimular trocas de cartas e *e-mails* com estudantes africanos.

8. Dividir a turma em dois grupos iguais. O primeiro grupo receberá fichas com nomes de algumas capitais do continente africano, enquanto o outro receberá o nome dos países; cada capital deverá juntar-se ao respectivo país e, posteriormente, o(a) professor(a) pendurará na sala o mapa do continente africano. Em seguida, cada dupla se apresentará falando das facilidades e dificuldades da tarefa. Após a conclusão das apresentações, o(a) professor(a) deverá solicitar a cada dupla uma pesquisa sobre diversos aspectos, podendo culminar com a realização de uma feira cultural sobre o continente africano.

9. Escreva uma paródia no estilo que desejar (*hip-hop*, samba, *reggae*, etc.) sobre o filme.

10. Pesquise a religiosidade africana e estabeleça um quadro com representação dos Orixás e os elementos da natureza a que cada qual está associado.

11. Pesquise sobre os alimentos e a cozinha afro-brasileira, estabelecendo conhecimentos sobre a cozinha de santo.

12. Observar se há terreiros na comunidade; marcar visita e possíveis entrevistas.

13. Leitura da cartilha *Diversidade religiosa e direitos humanos.*

Referências Bibliográficas

BARRETTO, Maria Amália Pereira. *Os voduns do Maranhão.* São Luís: FUNC, 1977.

____. *A Casa Fanti-Ashanti em São Luís do Maranhão.* Rio de Janeiro: Museu Nacional, 1987, v. 1 e 2. (Tese de Doutorado em Antropologia).

BARROS, José Flávio Pessoa de. *A Fogueira de Xangô, o orixá do fogo* – uma introdução à música sacra afro-brasileira. 3.ed. Rio de Janeiro: Pallas Editora.

BASTIDE, Roger. *As religiões africanas no Brasil:* contribuição a uma Sociologia das interpretações de civilizações. São Paulo: Ed. Civilizações, 1971, v.1 e 2. (edição original de 1960).

BACHA, Sônia. *Documentário em Dois Momentos:* as poéticas de Renato Barbieri, Luis Valdovino e Dan Boord. Disponível em http://www.mnemocine.com.br/aruanda/docem2momentos.htm

LUZ, C. p. Narcimária. Pawódà: dinâmica e extensão... In: LUZ, C.p.Narcimária. *Pluralidade Cultural e Educação.* Salvador: SECNEB, 1996

_____. O patrimônio civilizatório africano no Brasil: Páwódà – Dinâmica e Extensão do conceito de Educação Pluricultural. In: Joel Rufino (Org). Negro Brasileiro Negro. Rio de Janeiro: *Revista IPHAN*, n. 25, p.99-209, 1997.

_____. *Abebe:* a criação de novos valores na Educação. Salvador: SECNEB, 2000.

MACHADO, Vanda. Projeto *Irê Ayó* – Em busca de uma pedagogia nagô. In: SILVA, Ana Célia da, BOAVENTURA, Edivaldo M. (Org.). *O terreiro, a quadra e a roda:* formas alternativas de educação da criança negra em Salvador. Salvador: UNEB, 2004.

SANTOS, Juana Elbein dos. *Os nagô e a morte:* pàde, àsèsè e o culto égun na Bahia. Petrópolis: Vozes, 1988.

SODRÉ, Muniz. *Samba, o dono do corpo.* 2.ed. Rio de Janeiro: Mauad, 1998.

O CARNAVAL E OS MITOS DE DIONISOS E ORFEU

Rômulo Cabral de Sá[23]

> "A verdade dionisíaca toma para si todo o reino do mito como simbolismo do seu conhecimento e enuncia este conhecimento, em parte no culto público da tragédia, em parte nas práticas secretas das celebrações dramáticas dos Mistérios, mas sempre sob o invólucro mítico".
> (NIETZSCHE, 1991, p. 13)

O carnaval é o período anual de festas profanas, com o início no Dia de Reis e que se prolonga até a quarta-feira de Cinzas, às vésperas dos jejuns da Quaresma. O dia de carnaval propriamente dito é o domingo da quinquagésima, juntando-se subsequentemente a segunda e a terça-feira, o que conforma três dias de folia ininterrupta (SÁ, 2003).

Supõe-se que o vocábulo carnaval signifique adeus à carne: *carne vale* (do baixo latim, *carnelevamem*). De fato, a partir da quarta-feira de Cinzas, a Igreja Católica suprime o uso da carne, demarcando o início da Quaresma, período de continências e jejuns (SÁ, 2003).

Outra versão sustenta que a palavra carnaval deriva de *carrus navalis*, também do latim, porém significando o carro naval que transportava a imagem de Dionisos, no segundo dia das Antestérias, festa de três dias da cultura helênica dos Atenienses, que simbolizava a passagem do inverno para a primavera (SÁ, 2003; CERQUEIRA LIMA, 1999).

Todo o período desse culto a Dionisos era marcado pela alegria e pela violação das regras de conduta das normas sociais, pela realização de ritos

---

[23] Artista plástico especializado em Arteterapia; professor universitário de Arte-Educação e instrutor de Cerâmica em projetos voltados para crianças em situação de risco social, utilizando como tema a cultura popular brasileira.

populares e ritos agrários (SÁ, 2003; CERQUEIRA LIMA, 1999). De fato, o carnaval moderno tem origens remotas nesta festa, conforme poderá ser conferido em sua descrição simplificada adiante.

No primeiro dia das Antestérias, ânforas de barro eram transportadas sobre carros vindos de muitos vinhedos, dispersos pela zona rural. O cortejo seguia até o santuário do *Limnaion*. Camponeses e escravos iam à cidade e esperavam defronte do Santuário a chegada da noite. Então os recipientes eram abertos e Dionisos era celebrado com as primeiras libações (CERQUEIRA LIMA, 1999).

No segundo dia, um cortejo percorria a cidade com a estátua de Dionisos num carro naval. Nesta procissão de mascarados, os camponeses e os transeuntes se injuriavam com brincadeiras alegres (CERQUEIRA LIMA, 1999).

Nesse mesmo dia, o consumo do vinho transformava-se numa competição: certo número de cidadãos era convidado pelo sacerdote de Dionisos para reunir-se num banquete, cada um deles com suas provisões. O primeiro competidor a esvaziar o seu recipiente era declarado vencedor. Após a competição, os Atenienses partiam para o santuário de Dionisos e a cerimônia terminava com libações ao deus e a embriaguez dos foliões (CERQUEIRA LIMA, 1999).

Mais ao fim da tarde, no *Limnaion*, faziam-se sacrifícios secretos em honra a Dionisos. Do *Limnaion* partia uma procissão matrimonial que, à noite, culminava com a celebração da ligação amorosa (*hiéros gámos*) entre Dionisos e Ariadne (CERQUEIRA LIMA, 1999).

O terceiro dia, o Dia das "Panelas", era dedicado aos ritos funerários. As famílias atenienses preparavam comidas com mel e cereais que não eram provadas ou tocadas, destinando-se intactas a Dionisos e a Hermes. Era, portanto, uma oferenda de cada família às divindades do mundo subterrâneo à intenção de seus mortos (CERQUEIRA LIMA, 1999).

Dionisos ou Baco é o deus do vinho e das festividades. É um deus estrangeiro, migrante, metamorfoseado, é o visitante da noite, delirante e mestre de todos os excessos. Além de ser deus do vinho e patrono da tragédia grega, Dionisos está ligado à vegetação, relacionando-se, dependendo da região de seu culto, à nogueira, à figueira, por fim, relacionando-se a toda e qualquer florescência (CERQUEIRA LIMA, 1999).

É o deus que metamorfoseia o mundo, é uma divindade ambígua (felicidade e terror), destruindo, desse modo, a imagem de um mundo ordenado. Dionisos estimula o desrespeito às ordens e às regras, proporcionando a liberação do que sufoca e oprime os homens. O vinho – presente de Dionisos aos homens – acaba com as hierarquias e tem o poder de liberar a todos (CERQUEIRA LIMA, 1999).

Dionisos, além de ser deus agrário, mestre da vegetação, doador de frutos em abundância e mestre das flores, é também um deus marinho. Daí ser levado em procissão em um barco com rodas. As águas – marinhas ou fluviais –, num contexto dionisíaco, significam uma passagem para o Hades (o mundo subterrâneo). O elemento líquido marca a transição entre o mundo dos vivos e o mundo subterrâneo (CERQUEIRA LIMA, 1999).

O mito de Dionisos, que os romanos chamavam *Líber* (libertador das penas e dos prejuízos) está estreitamente vinculado ao carnaval, principalmente pela superposição de algumas das características do carnaval com aquelas praticadas no culto do deus nas Antestérias (SÁ, 2003; GUZMÁN, 1995).

O uso de máscaras e fantasias, o uso da bebida alcoólica como fator liberalizante, a quebra de regras e costumes, as brincadeiras, as pilhérias e injúrias e o sexo liberado concorrem para confirmar que o carnaval encerra uma experiência psicológica similar à religião greco-romana de Dionisos e ao culto a Orfeu, seu sucedâneo (SÁ, 2003; GUZMÁN, 1995).

Tratam os dois cultos de símbolos conectados a um homem-deus andrógino, senhor dos mundos animal e vegetal e mestre iniciador dos segredos de acesso a esses mundos (SÁ, 2003). Assim se expressa Joseph L. Henderson (1977, p. 241), colaborador de Carl Jung:

> A religião dionisíaca contém ritos orgiásticos que implicam a necessidade de o iniciado abandonar-se à sua natureza animal e, assim, experimentarem sua plenitude o poder fertilizante da Mãe Terra. O agente de iniciação a este "rito de passagem" do culto a Dionísio era o vinho: este devia produzir o enfraquecimento simbólico da consciência, necessário para a introdução do noviço nos segredos da natureza ciumentamente guardados, cuja essência se exprimia através de um símbolo de realização erótica: o deus Dionísio unido a Ariadne, sua companheira numa cerimônia matrimonial religiosa.

O culto a Orfeu substituiu o culto a Dionisos com o abrandamento de suas características mais selvagens, privilegiando o ascetismo e a interiorização (HENDERSON, 1977). Tornou-se, por isso, um culto de mistérios muito popular que pregava a origem divina da alma e a reencarnação dos mortos, tendo gerado extensa literatura esotérica durante o período helenístico. O mito de Orfeu influenciou também o cristianismo primitivo. Para HENDERSON (1977, p. 241):

> Tanto como pastor quanto como mediador, Orfeu estabelece um equilíbrio entre a religião de Dionísio e a cristã, já que encontramos a ambos, Dionísio e Cristo, em papéis semelhantes, apesar, como já disse, de orientados de maneira diferente no tempo e no espaço – uma religião é cíclica do mundo subterrâneo, a outra é uma religião do céu, de caráter escatológico, ou final.

Orfeu, segundo antigo mito grego, era filho da musa Calíope e do Rei Eagros, da Trácia. Famoso poeta e músico, Orfeu tocava a lira que atraía as feras e encantava a quem o ouvia. Inventou ou teria aperfeiçoado a cítara e participou na expedição dos Argonautas como timoneiro do navio Argos (SÁ, 2003; GUZMÁN, 1995).

Orfeu casou-se com a bela ninfa Eurídice, que, de tão bonita, atraiu a atenção do pastor Aristeu. Como Eurídice recusou seu assédio, foi por ele perseguida e, na fuga, foi acidentalmente mordida por uma serpente, vindo a morrer (SÁ, 2003).

Inconsolável, Orfeu desceu ao mundo subterrâneo (Hades) e, por intermédio da música de sua lira, conseguiu adormecer o cão Cérbero (guardião do Hades) e obteve do próprio Hades e de sua mulher Perséfone o favor de retornar Eurídice à vida, com a condição de que não olhasse para trás para ver se sua amada o seguia. Não resistindo, olhou para Eurídice, perdendo-a para sempre (SÁ, 2003). Conclui a história Vinicius de Moraes (1960), em sua peça *Orfeu da Conceição*:

> As Bacantes [mênades], ofendidas com a fidelidade de Orfeu à amada desaparecida, a quem ele busca perdido em soluços de saudade, e vendo-se desdenhadas, atiraram-se contra ele numa noite santa e

esquartejaram seu corpo. Mas as musas, a quem o músico tão fielmente servira, recolheram seus despojos e os sepultaram ao pé do Olimpo. Sua cabeça e sua lira, que haviam sido atiradas ao rio, a correnteza jogou-as na praia da Ilha de Lesbos, de onde foram piedosamente recolhidas e guardadas.

Orfeu da Conceição, Orfeu do Carnaval e Orfeu

> A canção de Orfeu pacifica o mundo animal, reconcilia o leão com o cordeiro e o leão com o homem. O mundo da natureza é um mundo de opressão, crueldade e dor, tal como o mundo humano; à semelhança deste, aguarda também sua libertação. Essa libertação é a obra de Eros. A canção de Orfeu desfaz a petrificação, movimenta as florestas e as pedras – mas movimenta-as para que comunguem na alegria. (MARCUSE, 1968, p. 151-152.)

Como foi visto na seção anterior, o carnaval conecta os mitos de Dionisos e Orfeu. Contudo, Vinicius de Moraes (1960), ao adaptar o mito de Orfeu à peça teatral *Orfeu da Conceição*, não mencionou diretamente Dionisos e o seu mito, embora o drama aconteça no período de carnaval.

De todo modo, a conexão se revela por intermédio dos elementos comuns aos dois mitos, presentes tanto na narrativa do drama quanto naquilo que se desenrola no grande palco que é o carnaval brasileiro. O poeta, no prefácio do livro *Orfeu da Conceição*, revela os instantes iniciais de sua inspiração:

> Há 16 anos, uma certa noite em casa do arquiteto Carlos Leão, a cavaleiro do Saco de São Francisco, depois de ler numa velha mitologia o mito grego de Orfeu, dava eu início aos versos do primeiro ato, que terminei com a madrugada raiando sobre quase toda a Guanabara, visível de minha janela (MORAES, 1960, p. 5).

O que o poeta viu de sua janela indicou o cenário de fundo do drama – a Baía de Guanabara –, tão bem aproveitada na bela fotografia dos dois filmes: o *Orfeu de Carnaval*, de Camus (1959), e o *Orfeu*, de Carlos Diegues (1999). Ao final do prefácio, Vinicius afirma que a peça "Orfeu da Conceição":

"[...] é uma homenagem ao negro brasileiro, a quem, de resto, a devo; e não apenas pela sua contribuição tão orgânica à cultura deste país, – melhor, pelo seu apaixonante estilo de viver que me permitiu, sem esforço, num simples relampejar do pensamento, sentir no divino músico da Trácia a natureza de um dos divinos músicos do morro carioca" (MORAES, 1960, p. 5).

O filme *Orfeu do Carnaval*, de Marcel Camus (1959), foi a primeira adaptação da peça *Orfeu da Conceição*, agraciado com a Palma de Ouro em Cannes e o Oscar de melhor filme estrangeiro, ambos em 1959. No filme, com elenco composto totalmente por negros, Orfeu (Breno Mello) é um condutor de bonde e Eurídice (Marpessa Dawn) é uma moça do interior que vem em busca de sua prima Josefina (Léa Garcia).

A trágica história de amor se desenrola durante o carnaval e é contada ao som de clássicos da música brasileira, como *Manhã de Carnaval* (Luis Bonfá e Antônio Carlos Jobim) e *A Felicidade* (Antônio Carlos Jobim e Vinicius de Moraes).

Eurídice conhece Orfeu em meio aos preparativos para o desfile da Escola de Samba Unidos da Babilônia. Ao final dos anos 1950, o cenário de morro retratado no drama é uma favela com sua comunidade de gente simples: casas de estuque, lavadeiras, mulheres com lata d'água na cabeça, homens batucando, crianças soltando pipa e uma vista deslumbrante da Baía de Guanabara.

A cidade (o asfalto) lá embaixo é mais tranquila, há menos prédios e carros que hoje. A despeito da tragédia que sucederá, há um clima no filme que reflete o otimismo dos anos dourados da era JK (Juscelino Kubitschek): a construção da nova capital Brasília, a industrialização acelerada, a conquista do primeiro campeonato de futebol do Brasil na Suécia (1958) e o amor inocente das primeiras canções da bossa-nova. O Orfeu de Vinicius canta e faz o sol nascer a cada manhã.

Entre a paixão fulminante de Orfeu e Eurídice, há Mira (Lurdes de Oliveira), a noiva de Orfeu, belíssima passista que o vigia constantemente do assédio das outras moças, visto que Orfeu é o melhor músico do morro, um moço bonito, talentoso e galante. Há também, fantasiado de morte, o "Aristeu" (Ademar Ferreira da Silva) do mito original, que espreita e persegue Eurídice, quando ela está longe dos olhos e dos braços de Orfeu.

Após a primeira noite de amor com Orfeu, Eurídice é convencida pela prima Josefina a substituí-la no desfile da Unidos da Babilônia, disfarçada por um véu que lhe cobre a cabeça. Josefina irá demorar um pouco mais no barraco com o namorado. Em meio à plateia que assiste ao desfile, "Aristeu" (a figura fantasiada de morte) observa a Eurídice que dança ao lado de Orfeu.

Algum tempo depois, Mira deduz que a mulher com o véu é Eurídice porque vê na plateia Josefina com o namorado. Possessa de ciúmes, inicia uma perseguição a Eurídice e é contida por "Aristeu". Mira perde Eurídice de vista, mas "Aristeu" a persegue até a estação dos bondes.

Eurídice, para não cair num fosso entre os trilhos do bonde, segura um cabo elétrico que a eletrocuta imediatamente. Orfeu chega depois que o corpo é levado para o necrotério e não acredita que Eurídice tenha morrido. Procura por ela pelas ruas até que, no que parece ser uma repartição pública, um homem o conduz a uma casa, onde se realiza uma cerimônia de umbanda. O cão que guarda a casa se chama Cérbero, o mesmo nome do cão mítico que guarda o Hades.

Orfeu acompanha as canções que são cantadas na cerimônia. De repente, ouve atrás de si a voz de Eurídice que o chama. Ao virar-se, não vê Eurídice, mas uma velha senhora que incorpora o espírito de sua amada. Desamparado, Orfeu volta à estação de bondes e recebe a caridosa ajuda de Hermes (Alexandro Constantino), o responsável pela estação, que lhe consegue um documento para liberar o corpo de Eurídice no necrotério.

Com o corpo de Eurídice nos braços, Orfeu sobe o morro enquanto lhe recita um poema de amor. No topo do morro, Mira, enfurecida, vê Orfeu carregando Eurídice e atira-lhe certeira pedra na cabeça. Os dois corpos rolam pela encosta, parando juntos e quase abraçados num gravatá que lhes serve de leito. Uma criança toca o violão de Orfeu e faz novamente o sol nascer.

O filme *Orfeu*, de Carlos Diegues (1999), foi realizado quarenta anos depois de *Orfeu do Carnaval*, de Marcel Camus (1959). É também uma adaptação da peça *Orfeu da Conceição*, de Vinicius, embora não constitua simplesmente uma transposição da peça teatral. Mantém, no entanto, com a peça de Vinicius e com o filme de Camus interessante diálogo.

O elenco do filme não é composto exclusivamente por negros, há brancos e mestiços de todos os matizes. Diegues optou por mostrar a favela onde acontece a tragédia como um fragmento da realidade social brasileira adentrando o século XXI. A própria Eurídice (Patrícia França) é uma típica cabocla da Região Norte do Brasil. De fato, Eurídice vem do Acre em busca de sua tia Carmem (Maria Ceiça), sua única parenta depois que seu pai foi assassinado num garimpo. Carmem é uma experiente e bela mulher negra. Foi a primeira namorada de Orfeu.

Orfeu (Toni Garrido) é um negro belo e jovem. Talentoso músico, Orfeu é artista em tempo integral. Não tem outra profissão: compõe, toca e canta, lançando mão de todo aparato moderno que a eletrônica e os novos sistemas de comunicação lhe permitem. É com aparelho moderno e amplificado que Orfeu acordará o sol a cantar as lindas canções de amor: as clássicas de Jobim, Vinicius e Bonfá do *Orfeu do Carnaval*, de Camus, e as novas de Caetano Veloso, especialmente feitas para o filme de Diegues.

O casal se conhece em meio aos preparativos para o desfile da Escola de Samba Unidos da Carioca (Escola de Samba Unidos do Viradouro). O cenário do morro é bem realista, ao contrário do bucolismo ingênuo retratado no filme de Camus. O drama se desenrola entre vielas, becos e terraços das construções improvisadas típicas das favelas cariocas. O domínio territorial do morro é exercido com violência por traficantes que intimidam os moradores a escolher entre uma cúmplice adesão ou uma silenciosa omissão.

A não ser pela presença de policiais corruptos que abordam e saqueiam os moradores do morro, é quase completa a omissão do Estado. Aliás, como Orfeu diz ao Sargento Pacheco (Stepan Nercessian): "A polícia é a única coisa do governo que sobe o morro".

Entre a paixão fulminante de Orfeu e Eurídice, há, além de sua noiva Mira (Isabel Fillardis), o perigoso bandido Lucinho (Murilo Benício), antigo amigo de infância de Orfeu que se tornou o chefe do tráfico no morro. Carmem a tudo assiste com aparente passividade.

Após a primeira noite de amor de Orfeu e Eurídice, Carmem pede a Eurídice que saia do barraco e procure outro lugar para morar. Não suporta que o casal apaixonado faça amor na mesma casa em que ela outrora amou Orfeu. Carmem passa, então, a devotar um secreto e crescente ódio a Orfeu.

Enquanto Orfeu cuida dos preparativos do desfile da escola de samba, Eurídice sobe ao topo do morro, onde por acaso assiste à execução de um rapaz, acusado de estuprar uma moça. O julgamento e a condenação do rapaz é uma clássica demonstração da justiça de terror a que os moradores do morro são submetidos pelos traficantes. O rapaz, depois de morto, é atirado do morro. Assustada, Eurídice conta a Orfeu o ocorrido. Orfeu, num ato desesperado, diz a Lucinho para sair do morro até a quarta-feira de Cinzas.

A partir daí, Lucinho dá ordem ao seu bando para que execute Orfeu durante o desfile. Piaba (Lúcio Andrei) – o capanga de Lucinho – sai vestido de morte (fantasia de super-homem com máscara de caveira) para executar Orfeu com uma arma de mira telescópica. Piaba, antes de entrar para o bando de Lucinho, havia conseguido livrar-se das mãos da polícia por interferência direta de Orfeu.

Transtornada com toda essa situação, Eurídice anda a esmo pelo morro e acaba por entrar numa igreja evangélica, onde encontra Inácio (Milton Gonçalves), o pai de Orfeu. Tem com ele uma boa conversa, enquanto a escola de samba desfila gloriosa no Sambódromo. O samba-enredo, composição de Orfeu, é uma mistura de samba com trechos de *rap (rithm and poetry)*.

Lucinho está transtornado por sentimentos confusos, consumindo drogas sem parar. Em meio à desordem de seus pensamentos, dá ordem para que desistam de matar Orfeu. Piaba, o pistoleiro, é alertado da ordem por celular e retira-se de um terraço próximo do Sambódromo, onde já se preparava para disparar o tiro.

Enquanto isso, Eurídice vai novamente ao topo do morro, onde encontra Lucinho. Ele quer conversar com ela. Conta que foi amigo de Orfeu, que brincavam juntos na infância. Ele tenta beijá-la. Eurídice foge e ele dispara sua arma para assustá-la. A bala ricocheteia no chão e a atinge. Eurídice, ferida, pede-lhe ajuda, diz que o ferimento dói muito.

Chegam Stalone (Eliezer Mota) e os outros capangas de Lucinho. Stalone diz a Lucinho que termine o serviço que começou. A cena não mostra, mas o espectador sabe que Eurídice, agonizante, será atirada do morro.

Orfeu e os integrantes da escola de samba voltam do desfile de metrô. Chegando ao morro, Orfeu não encontra Eurídice. Procura-a por toda parte, pergunta a todos, inclusive aos policiais, que sempre estão por perto. Um mendigo que assistira a todo o episódio de Eurídice com Lucinho conta a Orfeu o ocorrido.

Orfeu sobe o morro para falar com Lucinho. Pede-lhe para ver Eurídice nem que seja pela última vez. Lucinho lhe diz que Eurídice está lá embaixo, apontando o abismo. Lucinho pede a Orfeu que não chore. Enquanto abraça e beija Lucinho, Orfeu consegue retirar-lhe a arma e disparar um tiro mortal. Todo o bando de Lucinho assiste à cena sem reagir.

Orfeu desce o morro e encontra Eurídice num patamar, junto com outros cadáveres. Vê-se rapidamente uma serpente a rastejar. Orfeu sobe o morro com o corpo de Eurídice, cantando *Manhã de Carnaval*. Chega até um bar, onde estão algumas passistas bêbadas, entre elas Mira e Carmem.

Orfeu, com Eurídice nos braços, pede ajuda a Mira. Carmem grita para Orfeu que Eurídice está morta e passa uma haste de ferro a Mira. Mira corre em direção a Orfeu e crava-lhe a lança improvisada.

O corpo de Orfeu é cercado pelas mulheres. Aparece a polícia. Inácio, deixando de lado os rigores que lhe impõe a religião, retira o apito do corpo de Orfeu e, como velho chefe de bateria que foi, apita desesperado para avisar o morro, homenageando também o filho morto. Eurídice e Orfeu, ressuscitados, dançam felizes à frente da Escola de Samba Unidos da Carioca.

Orfeu na escola

> Respeitadas as diferenças das celebrações regionais, dos ritmos que impulsionam os carnavais, é válido assumir esta celebração como um cerimonial complexo que, modernizado, dá sentido unitário às manifestações diferentes, amarradas pelo inconsciente coletivo nacional (SEBE, 1986, p. 89).

O filme *Orfeu*, de Carlos Diegues, oferece aos estudantes uma ótima oportunidade de discutir importantes questões relativas aos afrodescendentes brasileiros, utilizando temas transversais que permeiam as disciplinas do Ensino Médio, nomeadamente História, Geografia, Literatura, Ciências Sociais e Artes.

Caberá à professora ou ao professor o aprofundamento das questões, seja considerando a faixa etária dos alunos, seja considerando a disponibilidade dos recursos pedagógicos complementares (bibliografia, iconografia, CDs de música popular brasileira, etc.).

As indicações abaixo, longe de esgotarem as possibilidades que o tema de Orfeu encerra, poderão ser utilizadas como um guia para as discussões em sala de aula:

a) A representação do mito de Orfeu no filme: o que permanece? O que foi modificado ou adaptado? Que elementos foram introduzidos para permitir a licença poética utilizada na obra?;

b) A representação do mito de Dionisos no carnaval: seriam os carros alegóricos reminiscências dos *carrus navalis* das Antestérias? E as bebedeiras e brincadeiras do carnaval de rua? O professor ou professora poderá propor um trabalho sobre o carnaval brasileiro e suas origens (indígena, europeia, africana e outras influências);

c) O papel da produção cultural dos afrodescendentes na favela (samba, *funk, rap, hip-hop*, pagode, etc.): resistência, expressão do orgulho negro. Discutir a contribuição da cultura africana na música popular brasileira;

d) A vida nas favelas: a ausência do Estado, a polícia, os traficantes, a escola de samba, o *funk*, as igrejas evangélicas, as religiões afro-brasileiras, as estratégias de sobrevivência dos moradores e suas relações entre si e com os moradores da cidade (o asfalto). Os personagens do filme *Orfeu*, mesmo os não mencionados neste breve relato, oferecem amplas possibilidades de discutir essas relações e papéis. A professora ou professor poderá propor um trabalho sobre as origens das favelas ou bairros populares do município onde se situa a escola.

Se houver a possibilidade de exibição conjunta dos filmes *Orfeu* (Diegues) e *Orfeu do Carnaval* (Camus), além das indicações anteriores, avaliar também a possibilidade de adotar os seguintes tópicos na discussão:

a) Comparar o cenário da favela nos dois filmes;

b) Relacionar os meios de transporte utilizados pelos personagens nos dois filmes;

c) Comparar a tecnologia e os demais produtos e serviços utilizados pelos personagens (moradores da favela) nos dois filmes;

d) Pesquisar os locais (Praça Onze, Avenida Presidente Vargas, Avenida Rio Branco ou Avenida Marquês de Sapucaí) onde supostamente teria acontecido o desfile das escolas de samba nos dois filmes;

e) A atriz Léa Garcia, a Josefina do *Orfeu de Carnaval*, faz uma pequena aparição no *Orfeu*, de Diegues, como mãe do personagem Maicol (Sílvio Guindane). Também no *Orfeu*, aparecem Carlos Diegues (diretor do filme) e Caetano Veloso (compositor). Que personagens ambos encarnam em sua rápida aparição?;

f) Pesquisar sobre a vida de Ademar Ferreira da Silva, primeiro atleta negro brasileiro a ganhar uma medalha de ouro olímpica para o Brasil. Ademar é o ator que representa a "morte" ou o "Aristeu" no filme *Orfeu do Carnaval*;

g) Ouvir e aprender a cantar todas as músicas compostas para a peça de Vinicius, o filme de Camus e o filme de Diegues. Ouvir música brasileira, sempre que puder;

h) Curtir e brincar o carnaval. Pois, *smel in anno licet insanire*, ou seja, uma vez por ano é permitido enlouquecer.

Referências Bibliográficas

CERQUEIRA LIMA, Alexandre C. Antestérias: rito cultual ou carnaval. In: THEML, Neyde (Ed.). *Phoînix 1999*. Ano V, Rio de Janeiro: UFRJ, 1999.

GUERRA, Antonio Guzmám. *Dioses y héroes de la mitologia griega*. Madrid: Alianza Editorial, 1995.

HENDERSON, Joseph L. Os mitos antigos e o homem moderno. In: JUNG, Carl G. et al. *O Homem e seus Símbolos*. Rio de Janeiro: Nova Fronteira, 1977. cap. 2, p. 104-157.

MARCUSE, Herbert. *Eros e civilização*: uma interpretação filosófica do pensamento de Freud. Rio de Janeiro: Zahar. 1968.

MORAES, Vinicius de. *Orfeu da Conceição*. Rio de Janeiro: São José, 1960.

MORAES, Vinicius de. *Orfeu da Conceição*. Rio de Janeiro: São José, 1960.

NIETZSCHE, Friedrich. O nascimento da tragédia no espírito da música. In: _____. *Obras incompletas* (Os Pensadores). São Paulo: Nova Cultural. 1991. p. 6-22.

ORFEU DO CARNAVAL. Direção: Marcel Camus. Intérpretes: Breno Mello, Marpessa Dawn, Lurdes da Silva, Ademar Ferreira da Silva e outros. Rio de Janeiro: Globo Filmes, 1959. 1 videocassete (90 min), VHS, son., color.

ORFEU. Direção: Carlos Diegues. Produção: Daniel Filho, Paula Lavigne e Renata Almeida Magalhães. Intérpretes: Toni Garrido, Patrícia França, Murilo Benício e outros. Roteiro: João Emanuel, Carlos Diegues e outros. Rio de Janeiro: Globo Filmes, 1999. 1 videocassete (110 min), VHS, son., color.

SÁ, Rômulo Cabral de. *Máscaras, do carnaval ao carnaval de congo, personas da alegria*. Vitória: Instituto Saberes, 2003.

SEBE, José Carlos. *Carnaval, carnavais*. São Paulo: Ática, 1986.

O POETA DO DESTERRO
Paulino de Jesus F. Cardoso[24]

O filme *Cruz e Sousa – O poeta do Desterro*, do cineasta Sylvio Back, é uma das poucas obras sobre João da Cruz e Sousa (1861-1898), maior expressão da poesia simbolista no Brasil, que não se perde nos estereótipos e preconceitos sobre a vida de um dos grandes mestres da literatura brasileira.

A começar pelo título, uma exploração dos muitos sentidos do termo Desterro: nome da capital da, então, Província de Santa Catharina, onde nasceu o poeta; o exílio em vida a que foi submetido; e o descolamento do mundo de suas obras.

O poeta nasceu em um momento de grande expansão econômica da região. A cidade, com seu porto, concentrava grande parte da riqueza produzida em Santa Catarina. Urbe de comerciantes militares e burocratas, a velha Desterro da segunda metade do século XIX engajava-se na aventura da modernização e do desejo de alcançar os passos da Europa, branca, civilizada e industrial.[25]

Filho de libertos, João da Cruz e Sousa cresceu como um homem livre de cor, como se dizia na época, uma pessoa que nunca havia sido submetida à escravidão.[26] A pessoas dessa "qualidade" estavam abertas possibilidades mais amplas de ascensão social.

---

[24] É natural de Florianópolis – SC, graduado em História pela Universidade Federal de Santa Catarina (1988), mestre (1993) e doutor em História (2004) pela Pontifícia Universidade Católica de São Paulo. Professor de História da África na Universidade do Estado de Santa Catarina.

[25] ARAÚJO, Hermetes Reis do. *A Invenção do Litoral*. São Paulo, 1989. (Dissertação de mestrado em História, pela Pontifícia Universidade Católica de São Paulo).

[26] Aprendemos com Hebe de Mattos, em *As cores do silêncio* (Civilização Brasileira), que a classificação de cor utilizada no século XIX tinha conteúdos bem diferentes dos atuais: negro era sinônimo de escravo; preto, de africano; e pardo era um homem livre de cor, independentemente da tonalidade de sua pele.

Juntamente com a juventude ilustrada e notívaga da Capital, o poeta, escritor, jornalista, caixeiro e professor nas horas vagas, engajou-se, por intermédio do Movimento Ideia Nova, em um esforço para dar um lustre cosmopolita à Desterro provinciana de então. Não por acaso, o filme se inicia com Cruz e Sousa em uma "noitada" com amigos.

No filme, Back não desenvolve uma biografia linear de Cruz e Sousa. Talvez, por isso, não caia no senso comum de descrevê-lo como um "branco", como muitos outros. Pelo contrário, trata-se de uma viagem à obra, "mimetizando nas imagens uma arquitetura poética que se foi modificando com o passar dos anos. Uma estranha evolução, como lembra o cineasta: quanto mais sofrida era a vida material de Cruz e Sousa, mais etérea, abstrata e sonhadora se tornava a sua arte."[27]

É que a Modernidade da cidade tinha limites. Cruz era poliglota, leitor dos clássicos da literatura ocidental do oitocentos; auxiliado pelos pais, preparou-se para exercer os nobres ofícios liberais. Este é um ponto importante. Seu Manoel, mestre pedreiro, e Dona Carolina foram os verdadeiros responsáveis pela formação do filho. Cruz e Sousa não foi nem tutelado[28] e, tampouco, adotado como afirmam os desavisados. Primeiro que o Marechal Guilherme morreu na Guerra do Paraguai, deixando a família na pobreza, logo sem condições de auxiliar o poeta do Desterro. Foram seus pais que dedicaram todos os esforços, articulando uma longa rede de relações sociais que permitiram a João e seu irmão Manoel ascender culturalmente. Eles ingressaram no Ateneu Provincial, por um pedido formal do pai para que pudessem ocupar uma das vagas destinadas às pessoas pobres. Nele, Cruz e Sousa destacou-se como ótimo aluno e construiu uma rede de relações que foram muito úteis mais tarde. Quem se der ao trabalho de ler as cartas do poeta para os pais, seu respeito e paixão publicadas por Uelinton Farias, terá a oportunidade de conhecer outras facetas do poeta.

---

[27] AGÊNCIA ESTADO. Em cartaz, disponível em www.terra.com.br.
[28] A indicação de tutor só acontecia quando a criança era órfã ou filha de uma mulher desvalida solteira ou viúva. Como a mulher não possuía o pátrio poder, a criança era entregue a um tutor que se encarregava da sua criação.

No entanto, para a Desterro do último quarto do século XIX, faltava a ele nome e fortuna que lhe propiciassem um bom casamento com lusas damas locais. Ao contrário, amou Petra Antioquia e depois Gaviria, com quem casou.[29]

Por duas vezes, tentou a sorte na Capital da nascente República. Na última, a frustração, a pobreza e o desprezo arrastaram Gaviria para a loucura e Cruz e Sousa, para a tuberculose e a morte em um refúgio em Minas Gerais...

Cruz e Sousa é representado no filme pelo ator Kadu Carneiro, e sua esposa, Gaviria, por Maria Ceiça. O docudrama, mistura de documentário e ficção, desdobra-se em 34 quadros, naquilo que o diretor chama de "estrofes visuais". Nele os poemas são ditos e encenados. "E que a palavra tem tanto valor quanto a imagem, o que convém à poesia e, mais ainda, ao simbolismo".[30] A intenção: quebrar, de forma nãolinear e nãohistórica, o mito de Cruz e Sousa como um "negro de alma branca" e, ao mesmo tempo, contribuir para dar visibilidade às coisas do sul.

Mas para entendermos a complexidade de Cruz e Souza, nada melhor do que ouvirmos aquele que intensamente trabalhou para encarná-lo: Kadu Carneiro. No pequeno texto, intitulado *Alma em decurso*, o ator, recentemente falecido, fala da experiência de construção do personagem:

> Muito assustado e muito feliz com o desafio, busquei-o a princípio – com todo o respeito – no etéreo, pedindo a licença necessária, com uma enorme gratidão por ter sido escolhido.
> O processo de encarná-lo em meu trabalho de composição foi árduo e arrebatador; houve uma grande dificuldade de minha parte no entendimento dele. Foram noites sem dormir, lendo e relendo os seus poemas.
> Foi quando os verbos, as palavras começaram a ter o verdadeiro diálogo com a minha respiração, dando aos meus sentidos a musicalidade exigida. Estava feito o "augusto pacto" – como diz Cruz e Sousa.

---

[29] Sobre a importância da relação entre poder e casamento ver: Joana Maria Pedro – Mulheres honestas, mulheres faladas: Uma questão de classe?. Florianópolis, Editora da UFSC.
[30] AGÊNCIA ESTADO. Em cartaz, disponível em www.terra.com.br.

> Junto chegaram-me as cartas com as dificuldades cotidianas do poeta, a dor da família, o desencanto, a hipocrisia da sociedade. E fui no meu silêncio percebendo que ele estava ali; mais do que nunca em cada irmão, em cada companheiro de luta, sufocado, desanimado e emparedado. Nesse exercício diário de vida senti que estava pronto para interpretá-lo.
> O espírito não tem forma, e por ser etéreo não precisa de resposta, pois está livre. Sujeito a críticas, sim, por estar preso a um corpo, a uma forma, mas no desprendimento dos porquês torna-se poético e vivo, pronto para voar por todos os séculos.
> Acredito que este é o nosso Cruz e Sousa. É particular e está dentro de nossas vivências, de nossas almas. Portanto, se permita contemplá-lo, transformando-o em veículo de vida.[31]

Cruz e Sousa – o poeta do Desterro é uma ótima obra para revisitarmos um pouco da história das populações de origem africana no Brasil. O filme contribui para indicar que a sociedade brasileira do século XIX era muito mais complexa do que a simplificação senhor-escravo. Ao contrário, uma teia de relações sociais orgânicas e quase sempre assimétricas constituía e articulava os diferentes grupos sociais.

Em Desterro, atual Florianópolis, havia espaço para que um descendente de liberto sonhasse e agisse como um homem livre. Entretanto era fechada o suficiente para garantir a supremacia dos descendentes dos europeus e a eternização dos africanos e seus descendentes na condição de trabalhadores dependentes.

Outro aspecto importante, ao fugir da associação negro-escravo-quilombola-pai-joão-abolicionista, o filme indica a existência de múltiplas identidades. Cruz e Sousa foi, ao mesmo tempo, jornalista, escritor, caixeiro, homem livre de cor, teatrólogo, abolicionista, assimilado... Em três palavras: um homem moderno.

Se pudéssemos, teríamos acrescentado seus vínculos ao movimento abolicionista, ao seu amor pela vida e a suas relações de compadrio com mulheres libertas.

---

[31] CARNEIRO, Kadu. *Alma em decurso*. Disponível em: www.criticos.com.br/new/artigos/critica_interna.asp?artigo=854

Questões para serem trabalhadas em sala de aula

1. Reflita sobre as experiências dos africanos e seus descendentes no Brasil do século XIX;

2. Como poderíamos caracterizar as relações entre "brancos" e afrodescendentes no filme?;

3. Ler o poema *Emparedado* e relacioná-lo com as dificuldades vividas por Cruz e Sousa no filme.;

Comente: "Quanto maiores eram as dificuldades, mais etérea tornava sua obra".

A SEGUIR CENAS DOS PRÓXIMOS CAPÍTULOS: A NEGAÇÃO DO BRASIL. QUALQUER SEMELHANÇA COM A REALIDADE É MERA COINCIDÊNCIA

Fernanda Felisberto[32]

Quando me solicitaram um texto para participar deste projeto, fiquei contente que a minha memória não me traiu, e o que veio à tona foi um filme brasileiro, de um cineasta afro-brasileiro, sobre o universo de um dos nossos maiores entretenimentos de massa, as telenovelas: estou falando do premiado documentário *A Negação do Brasil*, de Joel Zito Araújo.

Esta pesquisa é fruto do projeto de doutorado do autor, realizado na ECA/USP, e consistiu em inventariar as telenovelas produzidas desde 1963 até 1997, identificando a presença e/ou ausência dos personagens negros nesses programas e avaliando a representação dada pelos diretores aos mesmos. O produto final foi um livro, com o título: *A Negação do Brasil: O Negro na Telenovela Brasileira*,[33] e um documentário homônimo.

O entretenimento de maior audiência no horário nobre é a telenovela e não se esgota em uma única apresentação no país, faz parte da grade de programação da maior emissora e produtora desse gênero: a *Rede Globo de Televisão*. Sua reapresentação no horário da tarde, sobre o título de "Vale a pena ver de novo", é um termômetro interessante da audiência desse gênero de programa.

As novelas no Brasil ocupam a maior audiência nas emissoras, este fato não é uma situação isolada, tem um histórico que a acompanha, já que na década de 1970, com o enfraquecimento das produções cinematográficas no país, em função da ditadura militar, as novelas se tornaram um foco

---

[32] Fernanda Felisberto é doutoranda em Antropologia na PUC-SP e professora da Pós-Graduação de História da África e do Negro no Brasil, do Centro de Estudos Afro-Asiáticos (CEAA) da UCAM, RJ.
[33] ARAÚJO, Joel Zito. *A Negação do Brasil* – O negro na telenovela brasileira. São Paulo: SENAC, 2000.

importante de entretenimento. A abertura atual que o cinema brasileiro alcançou não retirou o lugar de preferência nacional por esse tipo de produção, já que o valor dos ingressos nas salas de cinema do país é completamente excludente às classes populares, fortalecendo, mais uma vez, as telenovelas.

A programação das emissoras é pensada para entrar na casa do telespectador e acompanhar seus hábitos cotidianos, e as novelas são o grande eixo dos horários das atividades familiares, respeitando a censura do horário de apresentação dos programas. Além de entretenimento no interior dos lares, a telenovela já conseguiu expandir seu raio de ação também para fora do espaço doméstico, pois esse tipo de programa dita moda, influencia a escolha de nomes familiares, introduz gírias e jargões no vocabulário do país, faz publicidade de produtos variados, além de uma interferência direta no âmbito musical, com a definição das trilhas sonoras.

Uma fórmula de êxito, recorrente dos diretores, é o casamento entre ficção e campanhas sociais das mais variadas. Ultimamente foi possível ver: denúncia sobre a violência contra mulher, campanhas contra o uso de drogas, a favor de transplante de órgãos, contra a corrupção na política e a situação de imigrantes ilegais nos Estados Unidos, etc. Mas existe um tema que ainda não conseguiu atrair de forma coerente a atenção dos diretores: estou falando da questão racial no país. Tratar de questão racial na TV brasileira está diretamente relacionado, também, com mudar a escalação do elenco que possui lugar fixo nas produções nacionais e os atores negros passariam a ter mais visibilidade. Isto tem implicações comerciais para as emissoras, já que tanto a publicidade como o mercado internacional, outro ponto de distribuição das novelas, perpetuam há anos uma imagem de país sem tensões raciais.

Além do mais, a recriação de cotidianos estereotipados e fantasiosos é uma marca constante dos diretores, a exacerbação da ficção, a cada dia que passa, distancia-se mais da realidade do povo brasileiro, mostrando aos telespectadores sempre dois núcleos fixos em qualquer trama, uma burguesia nacional que há muito tempo já está em decadência, mas segue sendo representada com toda sua magnitude e esplendor, e um núcleo de pobres ou suburbanos, também caricaturados grotescamente.

E qual o papel da escola no processo de interferência nesta ordem pré-estabelecida, entre telespectador passivo e as telenovelas apresentadas? O professor tem que ter a sensibilidade suficiente primeiramente de sair, também, deste lugar e construir em seus alunos um olhar crítico sobre as telenovelas, aproximando esta provocação da realidade da sociedade brasileira e, para isso, o trabalho realizado por Joel Zito é quase que didaticamente construído desde a escolha das imagens, para explicitar bem o tema, até a linguagem utilizada.

O documentário *A Negação do Brasil* oferece várias possibilidades de leitura da questão racial no país; gostaria aqui de destacar três vias que considero de suma importância para que professoras(es) possam sensibilizar-se com esta temática e provocar um outro olhar em seus alunos: primeiramente observar os personagens negros que aparecem nas novelas e seus respectivos diálogos; segundo, o depoimento das atrizes e atores ao longo filme; e terceiro, o depoimento dos diretores brancos a respeito do processo de criação e seleção do elenco que compõe suas novelas.

O documentário é recheado de episódios emocionantes, mostrando de forma singular que as telenovelas que invariavelmente invadem nossos lares diariamente são um espelho fiel de uma luta que se dá, também, fora do espaço da ficção. Na cronologia das obras apresentadas por Joel Zito, toda a violência simbólica de negação de uma parcela da população e a ausência de representação e estereótipos são mostradas. Muitos dos personagens recuperados pelo diretor mostram como nosso subconsciente, mesmo nos mais atentos, resvala e, em consequência, atores e atrizes negros(as) foram por nós completamente esquecidos.

Um bom exemplo rasurado da nossa memória foi a atriz Isaura Bruno, que viveu o papel de Mamãe Dolores, na novela *Direito de Nascer*, da *TV Tupi*; apesar de todo o sucesso que esta primeira produção televisiva proporcionou a esta atriz, a mesma morreu absolutamente pobre, depressiva, vendendo doce como ambulante nas ruas de São Paulo.

Ao observar a atuação dos personagens negros e seus respectivos diálogos dentro das tramas selecionadas por Joel, fica evidente algo muito cruel: todos os papéis são estereotipados. Contudo o importante é perceber que todos os personagens negros nas novelas selecionadas pelo diretor desempenham papéis dispensáveis para a realização da trama, em outras palavras, se um personagem negro for retirado de cena, não acarretará danos para a continuidade da novela.

É fundamental perceber, também, que os papéis caricaturados ou de vilões importantes à trama serão sempre de atores e atrizes brancos(as); os papéis comumente destinados aos atores negros são personagens passíveis de punição, sua conduta deve ser sempre exemplar e os que, por qualquer motivo, não se encaixarem nos moldes do bom comportamento, devem ser severamente punidos. Um bom exemplo ocorreu recentemente, na novela *Senhora do Destino*, da *Rede Globo*, na qual o personagem Cigano, interpretado pelo ator Roni Marruda, que, ao longo da trama, cometeu vários delitos e subornava alguns personagens, morreu assassinado violentamente por um político, corrupto, que cometia vários roubos, mas neste caso interpretado pelo galã Eduardo Moscovis. Este episódio revela uma das faces do juízo de valores, presente em nossa sociedade, de quem deve ser punido e servir de exemplo para a população, e o que é fruto somente da corrupção e das elites do país.

Na última novela analisada por Joel Zito, *Pátria Minha*, o ator Alexandre Moreno vive um jardineiro humilde na casa de Tarcísio Meira, que vive o vilão da trama, Raul Pelegrini; o personagem Kennedy, vivido por Moreno, teve várias discussões com seu patrão por querer estudar fora do horário de trabalho e o patrão nunca permitiu. A discussão culmina com uma desconfiança de Raul Pelegrini de que seu empregado o havia roubado; entre os vários insultos, o personagem também foi chamado de negro safado e incapaz. A não reação do personagem Kennedy suscitou várias denúncias dos movimentos sociais antirracismo contra a emissora, que escolheu uma personagem negra, Chica Xavier, com uma fala sobre racismo no país.

O segundo ponto para que sugiro uma atenção especial, ao longo do filme, é o depoimento dos atores e diretores negros: é importante perceber os impasses que estas pessoas enfrentam, no momento de aceitar determinados papéis, mesmo sabendo de toda a violência simbólica que isto acarretará, ao realizar alguns personagens. Por outro lado, a questão do assédio moral também está presente, pois nos depoimentos da atriz Zézé Motta e do ator Milton Gonçalves, é possível ver o dilema pessoal desses dois profissionais no momento em que se negaram a fazer determinados papéis, já que isto implicaria uma possível demissão.

A dificuldade não se dá somente no diálogo entre ator e diretor, mas na relação estabelecida com a equipe técnica: a atriz Clea Simões, em seu depoimento, enfatiza que constantemente tinha que interromper a atitude de alguns colegas de trabalho, pois confundiam a personagem que ela estava interpretando com a sua própria figura. Outro ponto importante levantado pelo ator Milton Gonçalves é sobre o diálogo do público com os artistas negros – isto é um termômetro muito importante da emissora para avaliar a empatia do ator com o público – e também a ausência de cartas de fãs para os atores negros é um indicativo observado pela direção.

Particularmente, considero que a parte mais ácida de todo o documentário é o depoimento dos diretores, a naturalidade com que eles opinaram sobre o tema racismo nas emissoras e a seleção de atores apontam o mesmo reflexo da invisibilidade da população negra enquanto profissionais qualificados que, militantes das diversas lutas antirracismo, seguem incessantemente tentando reverter este quadro, fora do espaço ficcional. Um exemplo que aqui gostaria de chamar a atenção é a novela *Cabana do Pai Tomás*, exibida em 1969, tendo no papel principal o ator Sérgio Cardoso, galã de TV naquela época, que passou pelo processo de *blackface* – pintar de preto o rosto de alguém não negro –, pois, segundo a emissora, era para atender à demanda dos patrocinadores da novela, negando o direito aos atores negros da época de desempenharem esse papel. Outro bom exemplo que é destacado por Joel Zito é a novela *Escrava Isaura*, dirigida por Herval Rossano: o depoimento deste diretor é um completo contrassenso. No documentário ele afirma que contratou a atriz Lucélia Santos, pela voz e simplicidade, quando na realidade, para o perfil do personagem ele teve que fazer esteticamente vários ajustes, mas Herval Rossano confessa que no momento da escolha "...não passou pela cabeça se deveria ser branca ou negra...", mas a escolha do diretor foi por uma atriz branca.

Em 2005, com a questão racial na pauta de várias agendas políticas do país, este mesmo diretor Herval Rossano tentou emplacar o sucesso da primeira versão de *Escrava Isaura*, na Rede Globo, repetindo a dose atualmente em outra emissora. Os impactos psicológicos mostrados nessa novela podem afetar emocionalmente toda uma parcela da população, principalmente o público infanto-juvenil, ao regressar de suas atividades escolares e ligar a TV e encontrar negros apanhando às 18h45, reforçando diariamente o lugar da submissão. O *rapper* carioca Mv Bill, em sua música *Só Deus pode me julgar*, denuncia este fato; seguem alguns fragmentos da música:

> "[...]Se quiser reclamar de mim, que reclame
> Mas fale das novelas e dos filmes do Van Dame[...]
> Então me diga o que causa mais estragos[...]
> A música do Bill ou a próxima novela?[...]
> Aqui só tem paquita loira,
> aqui não tem preta como apresentadora
> Novela de escravo a emissora gosta
> Mostra os pretos
> Chibatados pelas costas
> Faz confusão na cabeça de um moleque
> que não gosta de escola[...]"

Este documentário permite inúmeras leituras e interpretações, mas é fundamental que os educadores, ao utilizarem este material, possam despertar a atenção de seu público sobre os temas que estão, também, na pauta política do país, como Ações Afirmativas, Diversidade na Educação, Lei n° 10.639/2003, etc.

É importante sempre lembrar que as telenovelas, dentro de todas as emissoras, são produtos negociados no país e no exterior, sempre vendidas com muita audiência, tanto para patrocinadores locais quanto para as emissoras internacionais. O Brasil não pode seguir sendo representado como um país absolutamente branco e que os poucos negros que o compõem, segundo as novelas atuais, estivessem somente na condição de servir e, neste caso, a escola tem o papel fundamental de ajudar a formar novos espectadores, com um outro olhar, não permitindo mais que a naturalização da subalternidade de uma importante parcela da população seja perpetuada.

HIP HOP EM CENA: VOZES E RESISTÊNCIAS DA JUVENTUDE NEGRA

Ana Lúcia Silva Souza[34]

> "[...]o rap procura relatar o cotidiano, o dia a dia, mostra a realidade, mostra que a gente está aqui para conseguir espaço de direito que é de cada um de nós[...]" *(Garnizé)*

Um grafite colorido e chamativo lentamente anuncia o título do filme. Já nos faz perguntar por onde andará o doce pequeno príncipe do livro de Antoine de Saint-Exupéry. Tomadas iniciais mostram as imagens do centro do Recife: pessoas, ruas largas, prédios, pontes. A câmera adentra as ruas de Camaragibe, periferia da cidade: ruas estreitas, cortiços, becos e ruelas. Ao fundo percebe-se uma respiração agitada e ofegante. Expectativa. Alguém corre de alguém ou atrás de alguém. Barulhos de sirenes, de polícia ou de ambulância completam a cena. Corta!

Em meio a esse clima de tensão, duas pessoas começam a se apresentar no filme *O rap do Pequeno Príncipe contra as Almas Sebosas*. São Garnizé e Helinho, jovens negros criados em Camaragibe. Falam do que é viver nesse espaço, falam de violências, de possibilidades e impossibilidades de enfrentamento diante dessa dura realidade.

A violência nos centros urbanos e nas periferias de grandes capitais brasileiras tem sido preocupação cada vez mais presente na vida das pessoas. Em suas várias formas de manifestação, a violência está nas manchetes de jornais, nas pautas de programas de televisão, nas páginas de Internet. Se é verdade que suas consequências e mazelas atingem a todos e todas, também é verdade que se apresenta com diferenças, o faz *com* distinção de raça e cor.

---

[34] Socióloga, é doutoranda em Linguística Aplicada pela Unicamp/IEL, onde estuda as interfaces entre juventude, letramento e relações raciais.

A violência em sua plenitude atinge mais fortemente o segmento negro da população brasileira, em especial os jovens na faixa etária entre 14 e 25 anos, solteiros, muitas vezes vítimas de atitudes racistas e de arbitrariedades cometidas por agentes das instituições de segurança pública.

O binômio violência e juventude negra tem sido cada vez mais retratado no cinema brasileiro dos últimos anos e também é tema deste filme. É um filme não apenas sobre, mas *com* negros.

Do início ao fim, em todo o desenrolar, chama a atenção a denúncia em relação às desigualdades sociais que (des)estruturam a sociedade brasileira e acabam por estigmatizar e emoldurar um determinado quadro, a saber: tema – violência urbana; cenário – periferias; principais personagens – população pobre, negra e jovem. Chama a atenção também a abordagem positiva a respeito do movimento *hip hop*, contrapondo-se ao senso comum que muitas vezes associa livremente o *hip hop*, em especial o *rap*, à criminalidade e à violência. A novidade deste documentário é justamente colocar os *rappers* na posição de agentes culturais e políticos. No filme, imitando a realidade, o movimento *hip hop* ganha espaço projetado como uma das saídas encontradas pela juventude de periferia.

Vale atentar para a lentidão que difere do ritmo das sequências em alta velocidade sempre presentes nos filmes sobre violência. Aqui as falas cotidianas sustentam imagens densas que permanecem por longo tempo na tela. É um filme para ouvir, quase que como uma ladainha.

Contadores(as) contam suas histórias

Garnizé, José Alexandre Santos Oliveira, 26 anos, integra a banda de *rap Faces do Subúrbio*. Em seu depoimento, diz buscar, pela via cultural, manter a esperança de vida da comunidade. Com voz pausada, o músico fala sobre sua trajetória de vida, sobre suas inquietações, seus valores. Discorre também sobre a dificuldade de viver na periferia, destacando os perigos e constantes assaltos sofridos pelos moradores. Relata a crueldade que é trabalhar e perder o pouco dinheiro que se tem, quando não a própria vida, na mão de bandidos.

Em uma parte do filme, Garnizé relata seu vínculo com um outro jovem, Helinho. Apresenta-o como alguém que um dia, por também ter sido vítima de assaltos, reage contra isso e passa a matar quem rouba ou atormenta os moradores. E Helinho quem é?

Hélio José Muniz Filho, 21 anos, presidiário, é um dos justiceiros que matam os bandidos da região. Preso, dá seu depoimento e diz que sua ação visa a manter a tranquilidade de Camaragibe. Também ele fala das dificuldades de viver na periferia, do quanto os malfeitores aterrorizam as pessoas e do seu espírito de justiça. É conhecido como o Pequeno Príncipe justamente por eliminar as *almas sebosas*, definidas por ele mesmo como as pessoas que fazem mal à comunidade. A expressão, bastante comum em Pernambuco, identifica as *pessoas ruins*: aqui, no caso, os bandidos que, segundo ele, merecem ser mortos.

Alternadamente aparecem Helinho e Garnizé, ora um ora outro apresentando a mesma visão em relação à vida na periferia. Os laços que os unem são a violência e a miséria, porém são diferentes as maneiras de enfrentar a situação.

Helinho, sempre com voz monocórdia, fala da vida difícil na prisão e de seu ingresso no mundo da matança e justifica suas ações colocando-se como um benfeitor. Helinho tem sua voz reforçada na cena em que aparecem outros justiceiros que atribuem nomes às *almas sebosas* – ladrão, assaltante, safado, traficante – "que morrem, pois são gente que não serve para nada."

Contudo, o *rapper* Garnizé ganha centralidade no documentário. É ele quem traz o *hip hop* como alternativa: a música, a dança, a leitura e o conhecimento social e histórico sobre personagens negras e revolucionárias são capazes de interferir e modificar a condição de vida da população, afirma. Garnizé se apresenta com os integrantes de seu grupo de *rap*, que, comprometidos e engajados em projetos sociais, organizam aulas de dança e música para as crianças da comunidade.

A violência é analisada no filme sob outros pontos de vista, por meio dos depoimentos de um policial e de um advogado. Cada um apresenta suas opiniões e procura explicar os conflitos, suas causas e consequências, posicionando-se.

Também se posiciona a mãe de Helinho

No filme a mãe do presidiário fala por várias mulheres em situação semelhante. Muitas delas figuram, lado a lado, com dados estatísticos alarmantes que denunciam o verdadeiro extermínio que sofrem os jovens. O discurso da mãe é fortemente marcado pela análise do entorno social e cultural em que vivem: a vida na periferia, a sociabilidade do filho, as *más companhias*, a descoberta do envolvimento com o crime. De maneira dura, mostra ter visão de realidade e não mascara as responsabilidades de Helinho. Em sua simplicidade, mantém postura de guerreira, ao lado de seu filho.

Planos absolutamente fechados dessa mulher em sua função mãe mostram sua boca que pede perdão pelos crimes cometidos pelo seu Pequeno Príncipe. Perdão com certeza a outras mães, também guerreiras como ela.

Hip hop em cena

A oralidade é uma das marcas do *Rap do Pequeno Príncipe contra as Almas Sebosas*. O documentário se sustenta basicamente por meio dos depoimentos das pessoas. Sejam dos dois jovens, da mãe, como de outras personagens. De todas, a fala mais forte pertence a Garnizé, pela voz de suas mãos que batem nos tambores os toques de candomblé para os orixás. A voz do *rap*, dizendo: "Presente!." Presente também na voz do corpo ao tatuar as costas com o rosto de Che Guevara, Martin Luther King e Malcom X, fazendo alusão à discussão sobre raça e classe.

No filme, a violência não é a única temática, como pode parecer inicialmente. O movimento *hip hop* passa a ser central, dado o papel social e político que desempenha ao longo da trama/drama. A discussão é pertinente neste momento em que, cada vez mais e de forma explícita, parte do Movimento Hip Hop diz em alto e bom som: "O Hip hop não é cúmplice da violência"[35].

No filme, Garnizé, sem negar a existência da violência, as dificuldades e os impasses, diz que, ao cantar, trabalha para contrapor-se a ela, afirmando que o *rap*, um dos elementos que compõem o *hip hop*, configura-se como "um som de resgate e de conscientização, que fala a verdade nua e crua, conta a realidade sem colocar um verniz em cima do que acontece no Brasil". Este posicionamento tem marcado espaço para que o *hip hop* seja perfilado como expressão de arte negra, como cultura de protesto, como política

---

[35] Este é o título da *V Semana de Cultura Hip Hop*, acontecida na ONG Ação Educativa, em 2005. Disponível em: http://www.acao educativa.org.

que denuncia, resiste, que propõe e que age contra a opressão, contra o medo, contra o silêncio.

Para uma parte do movimento, a educação, a diversão e a conscientização a respeito do pertencimento racial são apontadas como aspectos capazes de modificar a vida das pessoas. Ainda que se deva ressaltar que isso não ocorre descolado de outras tantas necessidades.

O mundo dentro e fora da sala de aula. Hip hop: Educação? Criminalidade? Resistência?

Pensar em trabalhar este filme significa colocar o mundo dentro da sala de aula com a finalidade de provocar reflexões e debates que permitam aos estudantes se situar nesse mesmo mundo. O documentário é riquíssimo e permite abordar várias dimensões da realidade e da formação da identidade dos jovens: situação de vida, emprego, desemprego, relações familiares, raça, gênero, educação, valores, cidade, comunidade...

O tema é altamente mobilizador para a construção coletiva do conhecimento e não deve ser tratado de forma circunstancial ou superficial como mote para uma atividade esporádica, mas como possibilidade de pensar a própria vida em sociedade.

É preciso que nos voltemos para o trabalho por projetos que façam sentido para a vida dos alunos e da unidade escolar. Ao construir junto com eles o projeto, a temática e o que está em torno dela não precisa ser vítima de uma situação criada. É prestar atenção no movimento da sala de aula e perceber as relações entre as pessoas. Processo e resultados são plenos de potencialidade, são muitos e são tantos.

Entre os vários aspectos a serem privilegiados no trabalho na sala de aula destacamos os que seguem abaixo.

O que é o movimento hip hop hoje?

No filme aparece também o Mano Brown, uma das figuras-chave dentro do movimento. Sua fala ajuda a marcar a relação de importância do *hip hop* para a periferia. As ideias de ação e transformação estão presentes nas falas de Garnizé. De maneira geral, as palestras e oficinas realizadas pelo grupo *Faces do Subúrbio* movimentam a dança e a música na comunidade em que vivem. Entre os elementos que definem o *hip hop*, o *rap*, as letras de músicas têm trazido discussões sobre conflito de classe social, discriminação racial, violências, e uma história de resistência da população negra.

Junto com o grupo, discutir as origens e diferentes visões sobre o movimento *hip hop*

a) O movimento *Hip Hop* contribui ou não com o processo de educação? Como e até que ponto?;

b) O movimento *Hip Hop* contribui com a criminalidade? Como e até que ponto?

Biografias: vozes juvenis

Em grande parte, o filme se desenvolve apresentando uma narrativa autobiográfica que descreve a trajetória das pessoas e as ações que têm de ser empreendidas para continuar a vida cotidiana.

Trabalhar com a biografia dos alunos e das alunas, em relação ao tempo e espaço em que vivem, é um bom começo de conversa.

O lazer nas periferias: O que você faz nas suas horas de folga?

O envolvimento com a música e a dança aparece no filme como opção de lazer nas periferias. No documentário há duas cenas sobre isso. Numa delas casais dançam juntinhos em uma calçada em frente a um bar. Outra cena mostra o grupo de rap *Face do Subúrbio,* juntamente com o grupo de rap Racionais, em um almoço em cima da laje de uma casa. Este pode ser um excelente espaço para discutir sobre o lazer das pessoas.

Sem olhar o mundo de cima de um caixote: posicionamento

Aparentemente o filme não faz julgamentos. Apresenta a situação e opiniões sobre a situação. Do delegado, do advogado, dos outros matadores, dos *rappers*, da mãe do matador. Promover um levantamento que privilegie a análise dos diferentes posicionamentos que aparecem no filme, buscando estabelecer relações entre esses discursos. Qual é o posicionamento dos alunos e das alunas sobre a problemática apresentada no filme?

Além disso, uma pesquisa em jornais e outras fontes de dados estatísticos aponta as variáveis ligadas à violência e à criminalidade: homens, negros, jovens. Local, dias e horário também figuram nos dados. Periferia, finais de semana e à noite. Em que medida os alunos e alunas desta escola vivem e convivem com a realidade apresentada por esses dados?

O filme não tem final, ele continua como se não fosse a história de cada um de nós. Em janeiro de 2001, Helinho, acusado e condenado à quase prisão perpétua pelas dezenas de crimes, é assassinado na prisão. As bandas de *rap*, bem como o Movimento *Hip Hop* mostram-se estar cada vez mais fortes e influentes na vida de muitos jovens.

Referências Bibliográficas

JOVINO, Ione. *Escola*: As Minas e os Manos têm a Palavra. São Carlos, UFSCar, 2005. Programa de Pós-Graduação em Educação, orientadora Profa. Dra. Anete Abramowicz

RAMOS, Sílvia. *Mídia e Racismo*. Rio de Janeiro: Pallas, 2002

RODRIGUES, João Carlos. *O Negro brasileiro e o cinema*. Rio de Janeiro: Pallas, 2001

Dimenor, LGe, Nathas e Soneca. Hip hop: novos caminhos para Educar. Jornal Bolando Aula de História – Apoio Didático para professores do Ensino Fundamental. São Paulo: Gruhbas – Projetos Educacionais e Culturais, p. 14-15 - ano 9, nº 68, março de 2005

SOUZA, Ana Lúcia Silva. Os sentidos da prática de lazer da juventude negra. In: *Racismo no Brasil: percepções da discriminação e do preconceito no século XXI*. SANTOS, G e SILVA, M.P. (org.) São Paulo: Editora Fundação Perseu Abramo, 2005

DOMÉSTICAS - NASCER, DEIXAR, PERMANECER OU SIMPLESMENTE ESTAR

Claudia Rangel[36]

O Filme

"Sabe quando alguém pergunta a uma criança o que ela vai ser quando crescer? Ela responde médico, professora, bailarina, artista de novela... Ninguém diz que quer ser doméstica. Porque isso não é uma opção de vida: isso é uma sina que a pessoa tem."

Assim Roxane, um dos personagens do filme *Domésticas*, fala de sua profissão. Essa reflexão do personagem revela um olhar preconceituoso sobre o trabalho de doméstica. Ele não é visto como uma profissão que pode ser seguida como carreira, mas como *uma sina*, como algo que o destino reserva a algumas pessoas. E não é uma reflexão vã: o trabalho doméstico, muitas vezes a única opção de emprego para grande parte da população pobre do país, é visto como um trabalho menor, a ser realizado por pessoas sem capacitação. Isso não é coisa de agora: do Brasil colonial, em que trabalho doméstico era feito pelas escravas e seus filhos, ao Brasil pós-escravatura, em que ele continuou a ser executado pelos descendentes desses escravos, acrescido de um contingente de brancos pobres, a figura do trabalhador doméstico se instalou em nossa cultura como a de um trabalhador menor que, muitas vezes, recebia como remuneração do seu trabalho moradia e comida, numa relação de falso parentesco – o agregado – que perpetuava o trabalho escravo, disfarçando-o de caridade.

---

[36] Graduada em Comunicação Social / Jornalismo pela Universidade Federal do Espírito Santo (UFES) em 1999. Coordena o Projeto de Extensão *Circuito Comunitário do Cinema BR em Movimento*, que atua na democratização do acesso à produção cinematográfica nacional.

Num país de tradições colonialistas, que conviveu com o trabalho escravo durante quatro séculos, o trabalho doméstico é ainda considerado um subemprego. E os profissionais que atuam nessa área são, muitas vezes, vistos pelos patrões como um mal necessário: é preciso ter em casa alguém que limpe o banheiro, lave a roupa, tire o pó e arrume a gaveta. Existe uma inegável desvalorização das atividades domésticas em detrimento a outros tipos de trabalho. Mesmo a dona de casa comum não tem seu trabalho valorizado e reconhecido como deve ser. Mulheres que trabalham fora sabem que, ao chegar em casa, terão toda a carga dos serviços domésticos para realizar, dobrando assim sua jornada de trabalho sem terem reconhecido pela família e pela sociedade esse duplo esforço. É um trabalho sem fim (todos os dias a comida tem que ser feita, a cama arrumada, a roupa lavada...) e não gera lucro visível. E a lógica do capitalismo não permite a valorização de um trabalho que não gera lucro.

Encravada no inconsciente coletivo da nossa cultura, a desvalorização do trabalho doméstico tem como consequência uma ausência de olhar sobre os profissionais que exercem essas atividades. *Domésticas, o filme*, inverte essa óptica – ou ausência de óptica. Nele um exército invisível de domésticas, porteiros, faxineiros e entregadores é o protagonista da história. É para eles que as câmeras e a atenção do público se voltam. No lugar do *hall* de entrada, a garagem. No lugar dos restaurantes e *shopping center da classe média*, ônibus, favelas e a caótica paisagem da periferia paulista.

Não podemos deixar de lembrar, no entanto, que se *Domésticas, o filme*, é um foco lançado sobre essa classe de trabalhadoras, é também, antes de tudo, um olhar da classe média sobre elas: os personagens são caricaturas (bem-feitas, mas ainda assim caricaturas) de personagens reais. Os dramas e comédias do filme são estereótipos de dramas e comédias reais. Mas ainda assim o filme consegue atingir alguns pontos fundamentais para uma reflexão sobre a questão do trabalho doméstico. A narrativa, em tom de comédia, não deixa de colocar o dedo na ferida da exclusão social.

Um dos pontos altos do filme é a trilha sonora. A trilha sonora original, composta por André Abujanra, utiliza como instrumentos as ferramentas de trabalho desse universo profissional: rodos, vassouras, baldes e aspiradores de pó, acompanhados de coros de vozes. Os clássicos da música brega nacional (Márcio Greik, Sidney Magal e Waldik Soriano, entre outros), que parecem sair direto de um radinho de pilha, nos levam direto para a cozinha e a área de serviço. Para expressar a violência da periferia de São Paulo, a batida seca do contemporâneo *rap* urbano, que marca o tom pesado da vida na periferia pobre das grandes cidades. Esses três elementos musicais compõem poeticamente a ambientação do universo dos personagens, dosando o romantismo ingênuo com a violência das grandes cidades, ambos fatores presentes na vida dessa categoria de trabalhadoras.

Somando-se à música, a fotografia expressionista e a direção de arte primorosa colocam em primeiro plano, ao invés da sala de estar, a área de serviço, evidenciando a identidade cultural de uma categoria profissional marginalizada. Por fotografia expressionista, podemos entender o tom carregado nas cores em algumas cenas e a iluminação marcada de sombras em outras, que evidencia o clima das cenas. O ritmo da montagem chama a atenção ao criar espaços de diálogo entre o espectador e o filme. Um exemplo disso é o conflito do personagem Gilvan entre casar, ter filhos e seguir carreira de trabalhador honesto ou entrar para uma vida de crimes. Na montagem, esse conflito é expresso pela edição paralela de dois planos simétricos: sua conversa com a namorada Rai e, ao mesmo tempo, com seu amigo. Num dos planos, os personagens estão à direita da tela e no outro à esquerda, deixando clara a divisão de Gilvan entre dois lados contrários, duas opiniões divergentes. Às vezes, metalinguístico, o filme não deixa que o espectador esqueça que aquilo é ficção. Ao utilizar simultaneamente a fotografia em cores e em preto e branco (quando os personagens falam diretamente para o público), a narrativa permite que o público alterne sua atenção entre a diversão da comédia bem-feita e a reflexão sobre a denúncia social, deixando na consciência do espectador alguns questionamentos importantes sobre a realidade do trabalho doméstico.

Um tripé

A questão do trabalho doméstico é uma pedra no sapato da nossa sociedade. A discriminação da categoria é histórica e se expressa na ausência de proteção da lei e na lentidão com que os nossos legisladores tratam do assunto. Muitas vezes a única alternativa de trabalho para a maior parte das mulheres pobres, semialfabetizadas e sem preparo profissional para carreiras mais desejadas, o contingente de mulheres empregadas como domésticas no Brasil vem aumentando a cada ano: segundo dados do IBGE de 2003, mais de 6 milhões de pessoas trabalham em serviços domésticos. Essa estatística não computa os que nem sequer têm seus direitos trabalhistas garantidos por meio da carteira de trabalho. Desses 6 milhões de trabalhadores domésticos, 93% são mulheres. E dentro do percentual de mulheres trabalhadoras domésticas, 57% é formado por mulheres negras. Portanto, a desvalorização do trabalho doméstico presente no nosso cotidiano e em nossas leis deixa claro um tripé discriminatório: discriminação da pobreza, do gênero e da raça. Ao rebobinarmos o filme de nossa história, podemos ver que o conceito de inferioridade racial forjado pela colonização e a tradição patriarcal da nossa cultura latina até hoje mantêm de pé a desvalorização do trabalho da mulher, principalmente o da mulher negra.

Mais grave ainda é o fato de que 1,2 milhão de crianças, a maioria meninas negras e pardas entre 10 e 12 anos, trabalham como domésticas sem nenhum vínculo empregatício (dados do Ministério Público). A maioria trabalha oito horas por dia, sem direito a folgas semanais e descanso remunerado; 4% dessas meninas já sofreram maus-tratos ou abusos sexuais no ambiente de trabalho. Segundo o Ministério Público, é difícil fiscalizar esse tipo de trabalho abusivo, já que se desenvolve dentro das casas e é, muitas vezes, disfarçado pela guarda da menor trabalhadora concedida ao "empregador".

Personagens ou mulheres reais?

Mais que um filme sobre esse universo de trabalhadoras, *Domésticas* é um importante instrumento de reflexão sobre a mulher e o lugar que a ela é reservado em nossa sociedade. Por meio dos personagens Quitéria, Roxane, Rai, Cida e Cléo, o filme discute a condição feminina com leveza e propriedade, mostrando a luta que todas as mulheres, domésticas ou não, enfrentam no dia a dia para terem seus sonhos e seus direitos reconhecidos.

As domésticas do filme foram tão bem caracterizadas que as cinco atrizes principais dividiram o prêmio de melhor atriz no Festival do Recife, em 2001. As cinco personagens que elas representam formam um mosaico colorido e multifacetado de mulheres trabalhadoras domésticas com seus sonhos, suas ambições, suas dores, seus amores e seus desejos.

Cléo não sabe se acredita em reencarnação. Afinal, por que ela estaria amargando uma vida de trabalho exaustivo e quartos apertados se sua bisavó foi escrava, sua mãe doméstica, e ela dá continuidade à história familiar acreditando que o melhor para a sua filha é um emprego de babá? Cléo duvida que pode romper o ciclo milenar da exclusão a que está fadada. Sua filha, porém, acredita que pode mudar sua história. Aí começa o sofrimento de Cléo, em busca da filha que foge de casa para fugir da "sina" de doméstica.

Roxane acredita que o seu trabalho é uma alternativa temporária de sobrevivência. Ela não *é* doméstica, *está* doméstica. E vai à luta para conseguir sua tão sonhada ascensão social. Seus sonhos esbarram, porém, na exclusão reservada à mulher sem formação escolar. Em busca da ascensão social, Roxane resvala para a prostituição.

Quitéria não tem sonhos. Na sua ingenuidade, acredita que a doméstica numa casa é como uma geladeira ou uma máquina de lavar quebrada: se não funciona como deve, troca-se. E assim vai levando a vida, de patroa em patroa, de casa em casa, esperando que um dia isso tudo termine. Sem família, dependente do emprego de doméstica para sobreviver, Quitéria é um resquício da senzala perdida no tempo.

Rai não gosta de ser chamada pelo seu nome de batismo – Raimunda –, que denuncia suas raízes nordestinas, e espera encontrar no casamento a sua felicidade. Ocupa seu tempo livre na busca do seu príncipe encantado, que nem precisa ser tão encantado assim. É ela quem põe um ponto de interrogação no conflito da mulher moderna entre a solidão e o casamento, entre a realização pessoal e profissional e a realização pela formação de uma família.

Já Cida sabe que o casamento não é sinônimo de felicidade e vai à luta por um relacionamento que a satisfaça. O marido indiferente é substituído pelo amante fogoso e ela encontra nesse relacionamento o equilíbrio para enfrentar seu pesado dia a dia de diarista.

Cada uma delas com seus sonhos – ou ausência de sonhos – vai mostrando ao espectador, de forma leve e bem-humorada, a realidade dura e seca da pobreza nas grandes cidades. Em sua maioria, essas mulheres /

personagens são oriundas do interior do país e vêm para São Paulo em busca de trabalho. Representam a obstinação de um povo em sobreviver às condições de pobreza a que foi submetido pelo nascimento. O filme ilustra o que acontece com outras tantas mulheres que saem de suas cidades de origem e deixam suas famílias ainda muito jovens para buscar o sonho de sobreviver dignamente numa grande cidade. Mas embora a dignidade possa caber num apertado quarto de empregada, a realidade da cidade grande é muito maior que o sonho de qualquer moça do interior.

Questões para pensar

Quantas cidades cabem numa cidade? A trabalhadora doméstica se depara diariamente com o contraste entre seu estilo de vida e o dos seus patrões na saúde, na moradia, na educação e até no lazer. Pensar sobre esses contrastes e como as diferenças de classes podem ser minimizadas por uma política pública eficiente.

Pensar nas causas históricas da desvalorização do trabalho da doméstica e de outros tipos de trabalho: por que um pedreiro, que é um trabalhador especializado, ganha menos que um outro trabalhador especializado? Procure outros exemplos de trabalhadores especializados que ganham menos que outras categorias. Pense: por que o trabalho doméstico não é considerado um trabalho especializado? Qualquer pessoa pode exercer essa atividade? Então, por que algumas pessoas pagam a outras para exercer essa atividade?

Pensar no trabalho doméstico: fazer uma experiência de um dia de trabalho doméstico em sua casa (faxina, lavagem de roupa, almoço e jantar). É cansativo? É necessário experiência e conhecimento para passar roupas e fazer o almoço? Como as mulheres da sua casa conseguem desenvolver todas essas tarefas após um dia de trabalho fora de casa?

Entrevistar algumas trabalhadoras domésticas procurando saber sua origem, sua história familiar, onde moram e as razões de elas serem domésticas.

Faça um levantamento de quantas domésticas existem na sua rua. Quantas trabalham na sua rua e quantas moram na sua rua.

FILMES ESTRANGEIROS

DISCUSSÃO PEDAGÓGICA DO FILME CONRAK

Maria Helena Vargas da Silveira[37]

Em 1988, por indicação da professora de Literatura Africana e Brasileira, Terezinha Juracy da Silva, assisti ao filme *Conrak*, o qual fazia parte do acervo de material didático das Faculdades Integradas de Santa Cruz do Sul-RS, onde havia sido contratada para lecionar Metodologia da Supervisão Educacional, no curso de Pedagogia. Com as percepções iniciais que tive do filme, considerei-o um material valioso para discutir metodologia da aprendizagem, focada no aproveitamento das experiências dos alunos, na afetividade, na utilização dos recursos do contexto humano e geográfico da comunidade escolar e, ainda, despertar para o trabalho com os alunos negros, passando por identidade, opressão e discriminação, situações que fazem parte de muitas cenas de *Conrak*.

Planejei a projeção do filme com as alunas (os), com uma ficha de observação de diálogos e cenas que tivessem relação com os assuntos que estavam sendo trabalhados e, principalmente, com a Supervisão de Apoio, uma de minhas lutas da época, pois sempre considerei que o supervisor educacional não é um fiscal e sim um elemento de apoio para a ação pedagógica. Depois deste debate, em 1988, surgiram muitas ocasiões em que o mesmo filme foi trabalhado em cursos de formação de professores. Muito mais tarde, já no ano de 2002, o filme fez parte da proposta pedagógica de oficinas de cinema que compuseram um dos módulos da Formação Continuada de Professores das comunidades quilombolas Kalungas, dos municípios de Monte Alegre de Goiás, Terezina de Goiás e Cavalcante, no Estado de Goiás.

---

[37] Pedagoga, especialista em Educação, escritora natural de Pelotas-RS. Consultora da UNESCO, no MEC/SECAD. Possui oito livros publicados.

O motivo da exibição do filme, com a intenção de promover a discussão pedagógica, é justamente a riqueza de conteúdo a ser explorado no âmbito da docência e a relação com questões raciais e de humanidades. Se já o era de valor, antes da Lei nº 10.639/2003, muito mais o é, atualmente, quando de forma legal temos a necessidade de trabalhar uma série de propostas suscitadas pela referida Lei, em favor, especialmente, da autoestima e da valorização de nosso alunado afrodescendente.

As situações polêmicas e chocantes do filme é que sustentam o debate no sentido de repensar a história da população negra, fazendo a transferência das cenas do filme americano, para o território brasileiro, para discutir o posicionamento das escolas diante das mudanças, da aceitação de desafios capazes de transformar uma comunidade escolar negra estigmatizada, em comunidade atuante, participativa e, antes de tudo, valorizada em si mesma e pelos outros.

Muitas são as questões do filme que despertam o olhar para estabelecer relação com a Lei nº 10.639/2003 e podem ser, sob meu ponto de vista, assim elencadas:

a) Quando o professor branco está de saída para a colônia agrícola onde negros são explorados como mão de obra de latifundiários não negros, aparece o despertar dele exercendo as atividades rotineiras matinais; em outro plano, observa-se o despertar de uma das alunas da comunidade negra da colônia e as cenas mostram contextos geográficos, ambientais e humanos diferentes que podemos aproveitar para trabalhar o respeito à diversidade de hábitos, costumes, tradições, história dos lugares e cultura de grupos humanos.

b) A diretora negra que apresenta os alunos ao professor diz que eles são lentos, indolentes, não pensam bem e que indolentes não sobem na vida. Esse momento serve para análise do comportamento da diretora, autoridade escolar enquadrada no sistema social que reforça o imaginário popular negativo em relação à população negra. A cena oferece a possibilidade de discutir com os professores, como pode ser conduzida a desconstrução de estereótipos a respeito dos alunos negros, as dinâmicas para elevar a autoestima, a posição crítica sobre a mídia, as causas históricas de permanência de valores negativos atribuídos aos negros.

c) A autoapresentação do professor branco é montada a partir de fundamentos estéticos em cena que enfatiza a sua beleza por ser branco, ter olhos azuis, cabelo liso, ocasião em que provoca os alunos com seus exaltados atributos de beleza. Os alunos ficam passivos. Esse episódio pode ser aproveitado para alertar os professores para trabalhar a estética da população negra, os conceitos de beleza fora dos padrões eurocêntricos e, novamente, a autoestima.

d) O professor faz um breve diagnóstico da situação de aprendizagem dos alunos, partindo de questões relacionadas com o país em que vivem, porém sem estabelecer qualquer tipo de relação com a comunidade deles, o que se presta para a crítica de tal metodologia de ensino, que não evidencia nenhum tipo de preocupação para que os alunos aprendam coisas mais próximas e, certamente, mais interessantes. As questões exploradas, no nível somente da memória, não suscitam respostas positivas. O professor investe em alguns exercícios cujas respostas poderão revelar se os alunos estão aprendendo coisas para movimentarem a vida como cidadãos, inseridos no contexto escolar e comunitário. Como as respostas são frágeis, o professor cobra da diretora quanto ao nível ruim da aprendizagem dos alunos em relação ao enfrentamento de situações que fazem parte do cotidiano. Para desculpar o currículo escolar, a diretora afirma tê-lo avisado de que os negros são lentos, que eles querem o chicote e que entendem o chicote. O conjunto de atos cênicos fornece material riquíssimo para dar partida ao estudo de currículo, participação da comunidade escolar para elaboração do currículo, atendimento à diversidade cultural, cumprimento da Lei de Diretrizes e Bases da Educação (LDB), com atenção às propostas da Lei nº 10.639/2003. O momento também serve para trabalhar a não utilização da violência verbal e corporal com os alunos, assim como as consequências dessa violência, sendo uma delas o abandono da escola, baixa autoestima e o desencadeamento de outras formas de violência e/ou de rejeição pela aprendizagem.

e) Quando o professor se encontra com a parteira negra que se apresenta como conhecedora de toda a comunidade escolar, esta o adverte: "Trate as crianças bem que elas irão bem". A cena deixa uma forte mensagem da pedagogia do afeto e esta deve ser reforçada na formação de professores no tocante à educação antirracista. Outra evidência que pode ser trabalhada tem relação com o valor das falas de lideranças das comunidades negras, especialmente dos idosos que passam seus conhecimentos pela tradição oral.

f) Ao contextualizar a sua história de vida, o professor abre possibilidades para que os alunos contem suas histórias. A análise pedagógica da cena é das mais relevantes porque é o momento de trabalhar a origem dos alunos, trazendo à cena elementos que comporão a identidade de cada um: família, hábitos, costumes, trabalho, gostos, crenças e características étnicas.

g) A diretora insiste com o castigo corporal (caso de um aluno que urinou na cadeira) e o professor se apresenta como sendo o autor do fato; depois fala aos alunos que todos irão brilhar como o sol, reforçando a constância do trabalho de autoestima, muito importante para os alunos.

h) A cena em que os alunos exercitam a natação na praia, maior perigo e causa de mortes no lugar, evidencia a preocupação do professor em trabalhar os alunos para vencer os desafios, o que poderá ser transferido para, e associado ao, exercício da docência antirracista, preocupada em preparar os alunos negros para o enfrentamento de situações adversas, como a discriminação racial.

i) Uma aluna negra adolescente tem um homem de posses financeiras desejando seu corpo e prometendo em troca um arado novo para o pai dela, um vestido vermelho para ela e arrumação dos dentes do irmão. O professor conduz as questões sobre o corpo da mulher negra desejado pelo branco de poder econômico, fazendo com que a menina desperte para o seu valor como pessoa, e o do seu corpo, especificamente.

j) A aceitação das audiências de músicas clássicas pelos alunos serve para exemplificar como pode ser desconstruída a ideia de que a população negra mais empobrecida não tem direito ao que é erudito. O envolvimento dos alunos com a música clássica, com a Arte, poderá provocar novas aprendizagens para promover competências e habilidades, descoberta de talentos. Esta parte da história suscita trabalhar com os professores os valores negros que se destacaram e se destacam nas Artes e nas Ciências.

l) Entre outras sequências do filme, aparece como auge do roteiro a participação dos alunos negros em atividade extraescolar, em contato direto com outras pessoas, fora da colônia agrícola, o que provoca a ira do latifundiário e inspetor da escola, culminando com o afastamento do professor. Nesta situação está o ápice da relação com a Lei nº 10.639/2003, qual seja, o trabalho com o aluno negro direcionado para a cidadania, com direito à participação da vida de seu país, com as mesmas oportunidades que os não negros. Para o que diziam sempre "não" aos alunos negros, o professor disse "sim", efetivando uma ação afirmativa que levou aqueles alunos a experimentarem uma situação de fazer, de agir e de sentir o que era uma festa das bruxas, da qual somente recebiam os restos de doces. A participação dos alunos negros em uma atividade da qual eram sempre excluídos poderá ser analisada pedagógica e socialmente positiva para estimular os professores a investirem em situações que promovam os alunos negros a sujeitos das ações. Este procedimento se relaciona com os princípios de valorização da população negra, de sua inserção na vida da comunidade, do município, do estado, do país, em condições de igualdade de direitos, com respeito à diversidade étnico-racial.

Pelas situações, brevemente abordadas e, ainda, por outras não menos interessantes que o filme Conrak proporciona, recomenda-se a sua exibição nos cursos de formação de professores, pois a linguagem cênica (diálogo, gestos e fotografia) é excelente instrumento provocador de debate educacional direcionado para a aplicabilidade da Lei nº 10.639/2003.

NA PRIMAVERA - TEMPO DE ESPERANÇAS COLORIDO DE PÚRPURA

Edileuza Penha de Souza[38]

É primavera, duas garotas negras brincam felizes num campo de flores púrpuras. Uma felicidade com hora marcada, em que a câmera segue contínua e lentamente pelo campo, exibindo a barriga de Celie, uma adolescente negra prestes a dar à luz o segundo filho. É primavera, momento de nascimento, de crença, força e vida.

O nascimento da pequena Olívia anuncia tempos de mudanças. Entretanto, como o seu irmão Adam, ela é arrancada dos braços da mãe, remetendo-nos à canção de Chico Buarque e Miltinho[39], já que Celie apenas desejou embalar seus filhos.

Contrariando a natureza, a estação das flores e das canções parece prolongar a estação do gelo. São tempos ainda piores para Celie e sua irmã Nettie; o falecimento da mãe é marcado pelo retorno do inverno, os campos de flores estão cobertos de neve, como encobertas estão as alegrias.

Ao perceber que sua irmã será a próxima vítima de seu pai, Celie solicita a Deus uma esposa para seu pai. Suas preces são parcialmente atendidas com a vinda da "jovem Gray", momento em que também entra em cena o Senhor Albert (Danny Glover), jovem viúvo, pai de três filhos. Albert pede a mão de Nettie, recusada pelo pai das jovens que, no entanto, oferece a da irmã mais velha.

---

[38] Professora, historiadora e contadora de histórias, nasceu no Espírito Santo.

[39] *Angélica*: Quem é essa mulher / Que canta sempre esse estribilho / Só queria embalar meu filho / Que mora na escuridão do mar / Quem é essa mulher / Que canta sempre esse lamento / Só queria lembrar o tormento / Que fez o meu filho suspirar / Quem é essa mulher / Que canta sempre o mesmo arranjo / Só queria agasalhar meu anjo / E deixar seu corpo descansar / Quem é essa mulher / Que canta como dobra um sino / Queria cantar por meu menino / Que ele já não pode mais cantar.

A passagem das estações é algo marcante no filme, a esperança e a fé que Celie deposita na vida nos remete ao livro do Eclesiastes, capítulo 3:

> 1 Debaixo do céu há momento para tudo, e tempo certo para cada coisa: 2 Tempo para nascer e tempo para morrer. Tempo para plantar e tempo para arrancar a planta. 3 Tempo para matar e tempo para curar. Tempo para destruir e tempo para construir. 4 Tempo para chorar e tempo para rir. Tempo para gemer e tempo para bailar. 5 Tempo para atirar pedras e tempo para recolher pedras. Tempo para abraçar e tempo para se separar. 6 Tempo para procurar e tempo para perder. Tempo para guardar e tempo para jogar fora. 7 Tempo para rasgar e tempo para costurar. Tempo para calar e tempo para falar. 8 Tempo para amar e tempo para odiar. Tempo para a guerra e tempo para a paz e colher.

Chove frio e o caminho para se chegar à "nova casa" é um preâmbulo do que espera Celie, agora casada com Albert. Ele anda a cavalo e ela caminha atrás com sua pequena bagagem e seu dote. À sua chegada, as crianças enfileiradas, Harpo (o filho mais velho de Albert) recebe-a com uma pedrada. Ferida e sozinha, mais uma vez Celie terá de se virar sozinha e, na mesma noite, é violentada pelo marido, que sequer observa seus sentimentos.

Ao limpar a sujeira que envolve a casa, Celie descobre flores no azulejo da cozinha. O sorriso cúmplice de Harpo parece ser um pedido de desculpas, enquanto as flores simbolizam as possibilidades de renovação da vida.

Celie é doce, delicada e sensível, seus traços negros bem definidos são, às vezes, confundidos aos desavisados como feios. Dona de um sorriso – em muitas passagens oculto – bonito, largo e espontâneo, Celie sobrevive a toda a insanidade que a envolve escrevendo cartas imaginárias a Deus. Sua fé e crença na vida são a certeza que a impulsiona, fazendo-a crer que "debaixo do céu há momentos para tudo".

A conquista dos corações das crianças também é marcado pela dor. A redoma de violência permeia a casa, não deixando dúvidas de que "o opressor sempre se aloja no oprimido". Albert, um homem frustrado e dominado pelo pai, atua com violência com seu filho e também com Celie.

Tempo para abraçar e tempo para se separar

É primavera. Celie vai ao mercado e por alguns instantes pode segurar seu bebê Olívia, no colo. O auge da estação evoca festejos, celebração, momentos de alegria quando a casa é surpreendida com a chegada de Nettie.

A posição das câmeras nas cenas que seguem demarca a superioridade de Albert perante as duas irmãs. Por ser a caçula, a Nettie é permitido ir à escola, e quando pressentem o fim da felicidade de estarem juntas, Nettie ensina Celie a ler sem quadro e giz. Saber ler é condição mínima para que, mesmo separadas, a comunicação possa ser um instrumento de união. Celie aprende depressa.

É por meio da alfabetização que Celie encontra o caminho e a magia da leitura. É verão, ouve-se no fundo da tela a cantoria dos pássaros e o zunido dos insetos. Nettie foge de Albert como um cordeiro se esquiva do lobo. O orgulho, a arrogância e a violência separam as irmãs mais uma vez.

Do verão de 1909, passamos ao de 1916. E como a toda mudança de estação, mais uma vez o filme anuncia algo de novo na vida de Celie. A beleza da cena seguinte é prenunciada com uma belíssima fotografia do pôr do sol. A estética, o jogo de cenas, a linguagem e os recursos fotográficos dão ao filme a peculiar textura cinematográfica de Steven Spielberg.

Varrendo o chão, Celie descobre um papelzinho onde está escrita a palavra céu. O papel – escrito por Nettie nos tempos felizes em que ensinava Celie – transpusera os anos oculto sob um móvel na cozinha. A série de fotografias que marcam o prolongamento da cena é algo espetacular, com que o diretor busca nos recursos artísticos a base para a criação da sétima arte, demonstrando que o cinema une todas as técnicas para captar imagens. Enquadramento, movimento, iluminação, planos e ângulos compõem os contrastes de texturas e cores, acompanhadas pela trilha sonora e pensamentos que levam a Celie a promessa da irmã: "Eu e você temos um só coração, só a morte pode me impedir de escrever."

É verão e as coisas correm ligeiras, como corre Sofia (Oprah Winfrey), mulher de Harpo (Willard E. Pugh), mulher determinada e forte. De novo, Harpo simboliza a própria fragilidade, dividido entre o amor da mulher que ama e as ordens do preconceituoso e autoritário pai. Após inúmeros filhos, Sofia e Harpo se casam, entretanto é ela que terá que assumir a casa e os filhos, já que Harpo nunca consegue desempenhar bem suas tarefas.

Sem saber como agir ante a personalidade firme de Sofia, Celie aconselha Harpo a agir com violência e logo se arrepende quando Sofia diz a ela que "a mulher sofre no meio dos homens", que sofreu a vida inteira nas mãos dos homens de sua família e que, portanto, jamais se sujeitará a sofrer nas mãos do homem que ama. Sofia vai embora, levando consigo os filhos.

Celie segue sua vida cuidando de Albert, seus filhos e netos. Novamente há mudança de estação, a chegada da tempestade e dos raios. Albert traz para casa a mulher amada, a pessoa com quem seu pai não permitiu que ele se casasse, a cantora Shug Avery (Margaret Avery). Celie, que desde a primeira vez que vira o retrato de Shug se apaixonara, quando a vê chegar, arruma-se para recebê-la.

A chegada de Shug revela toda a fragilidade de Albert, um homem que não foi capaz de enfrentar o pai para ficar com a mulher amada, um homem que, embora atrapalhado, pode ser capaz de ser doce e gentil. Celie assiste a tudo e, mesmo sendo rejeitada, prepara um banquete apetitoso para Shug e cuida dela, sem esperar retribuição. Essa parece ser a cena que Steven Spielberg escolheu para legitimar a fé cristã de Celie, inspirando-se na *Carta de São Paulo aos Coríntios*: "O amor é o dom supremo".

> 1- Ainda que eu falasse línguas, as dos homens e dos anjos, se eu não tivesse o amor, seria como sino ruidoso ou como címbalo estridente. 2- Ainda que eu tivesse o dom da profecia, o conhecimento de todos os mistérios e de toda a ciência; ainda que eu tivesse toda a fé, a ponto de transportar montanhas, se não tivesse o amor, eu não seria nada. 3- Ainda que eu distribuísse todos os meus bens aos famintos, ainda que entregasse o meu corpo às chamas, se não tivesse o amor, nada disso me adiantaria. 4- O amor é paciente, o amor é prestativo; não é invejoso, não se ostenta, não se incha de orgulho. 5- Nada faz de inconveniente, não procura seu próprio interesse, não se irrita, não guarda rancor. Não se alegra com a injustiça, mas se regozija com a verdade. 7- Tudo desculpa, tudo crê, tudo espera, tudo suporta. 8- O amor jamais passará. As profecias desaparecerão, as línguas cessarão, a ciência também desaparecerá. 9- Pois o nosso conhecimento é limitado; limitada é também a nossa profecia. 10- Mas, quando vier a perfeição, desaparecerá o que é limitado. 11- Quando eu era criança, falava como criança, pensava como

criança, raciocinava como criança. Depois que me tornei adulto, deixei o que era próprio de criança. 12- Agora vemos como em espelho e de maneira confusa; mas depois veremos face a face. Agora o meu conhecimento é limitado, mas depois conhecerei como sou conhecido. 13- Agora, portanto, permanecem estas três coisas: a fé, a esperança e o amor. A maior delas, porém, é o amor.

A Cena colorida chama para uma pausa, exibe uma Celie dona de si e do seu território. Demarca o alimento como alquimia... O contraste das cores dos ovos fritos, a textura da carne e o brilho líquido do café... Pura demonstração de amor e carinho. A casa recebe flores e mimos nunca vistos, a câmera percorre detalhes singelos: o vasinho com flores, a toalhinha rendada, o pote com redinha, a florzinha no copo. A cada detalhe, uma trama e um colorido, um afago de quem gera e nutre o mundo. Detalhes de uma casa cuidada por mulher. Celie é pura sensibilidade, afeto e meiguice. Em meio a cuidados e dedicação, entre Celie e Shug brota uma canção. É a possibilidade de sonhos em sua vida. Gestos que marcam o **Tempo para abraçar.**

Verão de 1922: uma canção para Celie. Tempo para amar

Harpo e seu amigo transformam a antiga casa de Sofia e Harpo num cabaré; a euforia contagia a todos. O contraste do verde da água com o verde do mato exala cheiro de felicidade e esperança que o espectador é capaz de sentir, pois a enormidade da paisagem parece atravessar a tela. Celie é agora uma mulher madura, arrumada e bem cuidada. O Cabaré de Harpo será estreado por ninguém menos que Avery Shug, em um *show* que mobilizaria toda a comunidade. Shug dedica a Celie uma canção que é verdadeira declaração de amor, desaponta Albert e todas as mulheres que antes zombavam de Celie, por sua condição e seus trajes.

Sofia entra em cena com um novo namorado, deixando Harpo enciumado. Uma briga entre Sofia e a namorada de Harpo interrompe a festa e, na cena que se segue, Shug ensina a tímida Celie a rir e cantar. É hora de dançar, é hora da despedida, entretanto o que está na tela é o encontro. É a chegada da primavera.

Celie revela a Shug as agressões de Albert contra ela. O fim da música na vitrola, a virada do disco são pausas necessárias para o espectador e também para Shug, que não sabe o que fazer. Shug a convida para uma conversa. Pela primeira vez falam de suas intimidades com o mesmo homem, dividem suas antagônicas experiências; parece tratar-se de homens diferentes. São apenas duas mulheres falando francamente de sua sexualidade. A atração física de uma pela outra irrompe diáfana na sutileza da cena. Pela primeira vez, Celie sente-se amada e desejada, como revela o jogo de câmeras ao focalizar a suavidade da mão de Celie em direção ao ombro de Shug. A solidão de sua personagem é agora condecorada com o amor, o desejo e a paixão.

Toca o sino da felicidade triplamente, já que, além dos corações das duas mulheres, ouvimos o tilintar do sino de vidro colorido. É ternura, supremacia, identidade, sonhos. É o encontro e a paixão de duas mulheres. Ambas se sentem fortalecidas. Shug vê florescer a vida, e o coração de Celie a nutre de desejos e sonhos. Celie necessita tanto de Shug como a abelha das flores para fazer o mel.

Tempo para matar e tempo para curar. Tempo para destruir e tempo para construir

Shug vai atrás de reconquistar o amor de seu pai, que parece irredutível, e Celie sente sua tristeza e dor. Quando Shug diz que vai voltar para Memphis, Celie pensa em ir junto, encontra ali o jeito de fugir da prisão em que vive com Albert, arruma suas coisas, porém falta-lhe coragem de pedir para partir.

Vendo os filhos menores de Sofia bem cuidados, a mulher do prefeito convida-a para trabalhar em sua casa. Ante a recusa, a mulher sente-se ofendida, e ao enfrentá-la, Sofia conhece o custo de enfrentar a fúria branca de uma cidade racista: é apenada por longos anos. A cena marca as fortes desigualdades e a magnitude da violência racial. Deixa claro que não é verdade que todo mundo tem direito de sonhar, pois aos negros o simples sonho de liberdade tem sido negado.

É outono de 1930 quando Sofia sai da cadeia, completamente destruída, marcada no corpo e na alma pelas injustiças que sofreu por ter nascido mulher negra numa sociedade racista e machista. Quase cega, Sofia deixa a prisão para trabalhar na casa da perversa e doente Senhora Millie.

Após oito anos, Sofia supostamente estaria voltando para casa, por ato de "bondade" da mulher branca a sua empregada negra. A acolhida carinhosa e festiva que Celie e família preparam para Sofia dura poucos minutos. Ao ver-se cercada de negros, a racista senhora Millie fica transtornada e interrompe a visita. Na vulnerabilidade da cena, o conceito de desigualdade e suas relações com o poder. Momentos para o *pause*, criando pontes para se discutir a violência racial e os efeitos físicos e psicológicos do racismo.

Primavera de 1936: Tempo para chorar e tempo para rir. Tempo para gemer e tempo para bailar

Celie e Albert continuam apaixonados por Shug. Entre ela e Albert, contudo, agora parece haver um pouco mais de ternura: dormem na mesma cama, num quarto cujas cortinas de renda, estofados e a mobília retratam essa nova comunhão. Como toda primavera anuncia algo de bom, é manhãzinha ainda quando Shug chega com seu marido. O pijama de Albert e a camisola de seda de Celie são uma das marcas de Shug na vida do casal. São cenas que dispensam detalhes. O jogo de câmeras fala por si.

Vinte e sete anos são compactados no tempo cinema. Apesar do tempo, o amor de Albert por Shug parece não passar. A reforma na casa aparece como se tanto Albert como Celie estivessem esperando a volta de Shug e se preparando para recebê-la. O tempo também é marcado pela modernidade, presente no correio, que agora entrega as cartas de automóvel.

Todos se preparam para o Natal. Os homens e as crianças pintam os ovos (símbolos que nos remetem à preparação da Páscoa das casas de nossas avós), Celie recheia e tempera o peru, enquanto Shug toma uma xícara de chá. Ao ouvir o correio, Shung vai buscar as cartas e, no caminho da caixa do correio, encontra-se com o pai, que finge não vê-la. Há uma carta para Celie, é Nettie.

As mãos novamente parecem cumprir uma nova função da arte. Celie descobre mais uma faceta da crueldade de Albert, que nunca permitiu que as cartas escritas por Nettie chegassem até ela.

São notícias de seus filhos que um dia foram vendidos ao Pastor Samuel. Um encontro de destino e milagre, capaz de se concretizar quando se trata de ficção. Os irmãos Olívia e Adam estão com a tia Nettie, que se tornara missionária, em alguma parte do Continente Africano.

Shug e Celie aproveitam-se do entretenimento dos homens para descobrirem o paradeiro das outras cartas de Nettie. O brilho do sol artificial é um recurso artístico de quem faz cinema como vocação e escolha. Sentada em uma cadeira de balanço, Celie lê suas inúmeras cartas organizadas por ordem de chegada por Shug. Beleza à parte, a paisagem glamourosa das florestas africanas é o que podemos chamar de furo de produção. A África não é um país e o telespectador fica sem saber em que parte do continente está localizado o Convento de onde Nettie escreve as cartas. A leitura das cartas nos evoca a chegada do progresso e da destruição.

Em foco os sentimentos e pressentimentos. A união de Shug e Celie é traduzida na cena em que Shug pinta suas unhas de vermelho, distraída em suas lembranças e no gesto mecânico do ato que executa. Shug indaga às crianças onde estava Celie. Ao pressentir que Celie está em apuros, corre ao seu encontro. A velha cadeira de balanço volta à cena, são momentos tensos, Celie afia a navalha, ao mesmo tempo em que se principia um ritual de iniciação presenciado por Nettie do outro lado do oceano. Shug corre para livrar sua amada do perigo. A força da navalha e a impaciência de Albert são as marcações de um canto tribal. O comando de levantar o pescoço serve tanto para Albert quanto para as crianças. Shug chega a tempo.

Ao redor da mesa com todos juntos, anuncia-se a ida de Celie para Memphis; Albert, enciumado e com o orgulho ferido, toma conta da palavra, porém Celie o interrompe, extravasando todos os anos de mágoas e opressão a que foi submetida naquela casa. Celie é senhora de si, fala com força e determinação, anuncia o encontro que se avizinha com seus filhos e a irmã.

Sofia também está presente. Finalmente conseguiu voltar para casa. A mulher de Harpo anuncia a sua partida. Irá tentar carreira em Memphis. Albert agride novamente Celie e essa fortalecida não se deixa abater.

Triunfante, Celie é agora uma mulher negra, linda e poderosa. No giro das rodas correndo nos trilhos, e da roda do trator, chegamos ao **Outono de 1937**.

Albert é agora um velho bêbado, solitário, sem ninguém por perto. Sua casa, antes linda e bem cuidada por Celie, é agora um celeiro sujo. Albert vai até à casa de Harpo e Sofia, juntos agora, muito mais senhores de si, pronuncia aos dois algumas palavras que simbolizam um pedido de desculpas atrasadas, tenta voltar o tempo, porém tempo não é propriedade das pessoas e não volta atrás.

Celie chega para o enterro daquele que a vida toda pensara ser seu pai. Descobre que seus filhos não são seus irmãos. Ao voltar para casa, dança feliz. Assume as terras, a casa e a loja que seu pai verdadeiro lhe deixou, são novos tempos, tempos de felicidade de modernidade aprendidos na cidade grande. É primavera, os campos de flores púrpuras estão coloridos novamente, Shug e Celie caminham juntas. São tempos de amor. E a certeza de que "Debaixo do céu há momento para tudo".

Todo mundo quer ser amado: Tempo para procurar e tempo para perder. Tempo para guardar e tempo para jogar fora

Albert é um homem só, enquanto Shug e Celie, juntas, festejam a alegria de sonhar e ser feliz. É o encontro de Shug e o pai dela, o perdão esperado, a alegria de ter a filha pródiga de volta, hora da canção, momentos de contagiar o coração, vozes negras.

Gestos discretos, novamente com uma mulher negra comandando a cena. A mãe de Shug, com um sinal, incita seu companheiro a ir ao encontro da filha pródiga que está retornando ao lar. A alegria da cena é contagiante, todos cantam. Todos estão presentes.

Celie e Shug são surpreendidas pela tão esperada chegada de Nettie, que traz consigo Adam e Olívia. Momento de choro e emoção presenciado por todos que acompanharam Nettie. Hora do encontro, momento sublime que de longe é observado por Albert.

O sol se põe, num sombreado de trigos. É canção anunciando o tempo de colher a paz. É o começo e o fim, é o encontro, é o brilho, intuição é espiritualidade, é felicidade, é Makidara.

Flores púrpuras na sala de aula: Tempo para calar e tempo para falar

Sustentáculo do mundo, no continente genitor, a mulher negra foi sinônimo de família, fertilidade e divindade. Na diáspora, desde que foi arrancada de suas terras, em consequência do tráfico, tem-se destacado por sua atuação socializadora, passando a ser o baluarte das famílias negras. O processo histórico cultural no filme, que é baseado no romance de Alice Walker, constitui-se como um processo de identidade vivenciada por Celie e aponta para inúmeras observações que, de maneira formal e /ou informal, merecem ser debatidos em sala de aula.

A exploração das mulheres negras é alimentada mediante violência dentro e fora do lar. Um drama imperdível comandado por Steven Spielberg conta a história de maneira agradável e, por vezes, chocante! Impressiona a maneira com que nos envolvemos nesta bonita história de amor, afeto, carinho e compaixão. A câmera detalha preciosos gestos que configuraram onze indicações para o Oscar e nos convida a discutir a produção cinematográfica no Brasil e no mundo.

Hollywood não reconheceu o filme, o que não é de se entranhar, trata-se da história de uma mulher negra contextualizada com outros e outras protagonistas de sua raça. Apesar de todo brilhantismo, o filme não ganhou nenhum prêmio. A emoção e a sensibilidade presentes em todo o filme superam os equívocos e a visão limitada do Continente mãe. Nesse contexto sugerimos que seja discutida a contemporaneidade do filme, juntamente com algumas comparações e análises ocorridas na sociedade em relação à questão do negro nos últimos vinte anos.

A fotografia de Allen Daviau, a direção de arte de Bo Welch e o figurino de Aggie Guerard Rodgers merecem destaques no filme. Whoopi Goldberg interpreta Celie dos 14 aos 50 anos, fato que possibilita discussões do uso de recursos cinematográficos em uma turma de Comunicação e Publicidade, como aponta para uma reflexão sobre os recursos da arte numa turma de ensino médio.

Diríamos que, no decorrer de todo o filme, há momento para congelar a cena. Pensar a formação de professores que ora buscam uma concepção pautada na pluralidade e na diversidade. Dada a limitação e já extrapolando o número de páginas permitido, é necessário elencar algumas cenas para sala de aula:

a) A cena em que Nettie ensina Celie a ler merece destaque para discutir o papel da professora alfabetizadora. Cena que possibilita contextualizar as altas taxas de analfabetismo no Brasil e as deficiências da aprendizagem e da escrita com as crianças, adolescentes e jovens negros;

b) As cartas de Nettie a Celie e as cenas que envolvem o aprender a ler são momentos que apontam para a fantástica viagem que a leitura proporciona.

É importante que os(as) professores(as) atentem para as formas com que Celie vai superando suas dificuldades e avançando com a leitura;

c) Analisar as questões do gênero enquanto categoria social é outro ponto fundamental para ser levado para sala de aula;

d) O racismo, a discriminação e a violência policial na cena em que Sofia é espancada pelo delegado branco dão conta de discutir um tratado da violência de que nossos jovens negros são vítimas;

e) As visões e as imagens do continente africano podem ser discutidas a partir das cartas de Nettie para Cellie. As cenas podem sugerir uma pesquisa sobre os países africanos, sua história, condições econômicas, políticas e culturais. O(a) professor(a) pode também criar mecanismos para uma pesquisa minuciosa sobre o papel das missões religiosas na África e nas Américas;

f) A chegada do "progresso" nas Américas, Ásia e África é outro ponto que deve se discutido tendo como parâmetro a Ancestralidade africana.

UM GRITO DE LIBERDADE

Denise Botelho[40]

Um grito de liberdade aborda o processo do *apartheid* na África do Sul a partir do encontro do líder negro sul-africano Steve Biko e do editor Donald Woods.

As primeiras cenas, em branco e preto, mostram a invasão ao bairro negro de Capetown (Cidade do Cabo) na década de 1970; o grau de violência, principalmente em relação às crianças e às mulheres, é assustador, as esteiras dos tanques de guerra vão deixando como rastro a marca da destruição; das casas humildes restam, apenas, escombros e a população atônita sendo surrada nas ruas... Tudo isso nos dá vontade de emitir o primeiro grito, que, ainda, não é de liberdade, mas de revolta. Nestas cenas os sons das rajadas de metralhadoras são intercalados pelo disparar de máquinas fotográficas que, contra a insanidade da segregação, registram, registram, registram.

Estas imagens, inconcebíveis em outros lugares do mundo – ainda que permeados pela lógica racista e discriminatória –, mostram a realidade do *apartheid*, regime segregacionista da África do Sul, que colocava os negros em situação de subalternidade em relação à minoria branca dominante, tendo como grande opositor o líder sul-africano Bantu Stephen Biko, Steve Biko.

O filme retrata a vida de Steve Biko, apresenta sua militância, a relação com os amigos, sua atuação junto aos movimentos estudantis da época, o encontro com o editor Donald Woods; conta como conseguia burlar a condenação de não poder falar com mais de uma pessoa ao mesmo tempo e

---

[40] Doutora em Educação pela Faculdade de Educação da Universidade de São Paulo (2005), com a apresentação da tese "Educação e Orixás: Processos Educativos no Ilê Axé Iya Mi Agba". Consultora para a Área de Diversidade no Programa Diversidade na Universidade – MEC/UNESCO.

como suas ideias de "consciência negra" fomentaram as mudanças que resultaram na extinção do regime segregacionista sul-africano. A morte violenta (1977) de Biko lança de nossas entranhas o desejo incontrolável de novamente gritar, e a comovente sequência do seu enterro ameniza a revolta e nos comove com a imensa massa negra nas ruas acompanhando o féretro do líder covardemente assassinado na prisão. O *apartheid* silenciou Steve Biko, mas não impediu a propagação das suas ideias libertadoras. Donald Woods, quando conheceu Biko, combatia suas ideias por acreditar que a sua "consciência negra" promovia os conflitos raciais, mas foi o mesmo Donald Wood que facilitou a propagação das ideias do ativista Steve Biko.

Woods era um jornalista liberal e logo foi seduzido pelo carisma e inteligência de Steve Biko: o editor, ao acompanhar o líder em alguns lugares segregados, começou a conhecer a perversidade da segregação, pois, na sua condição de homem sul-africano branco, jamais pensou no grau de desigualdades entre brancos e negros.

Ao tomar consciência das condições desumanas dos negros, Woods usou o seu jornal para escrever contra o regime do *apartheid*. Apesar de seu *status quo* privilegiado, quando se aliou às ideias de Steve Biko, proferiu a sua sentença e, a exemplo do ativista negro, este, também, foi obrigado a manter-se em cárcere residencial e colocou sua família à mercê das represálias do sistema. Outro grito que fica na garganta é quando um "presente" foi enviado a sua filha e quando a criança abre o pacote, há uma substância que lhe queima os braços e a face.

A engenhosidade da fuga de Woods e da sua família nos prende o fôlego e, ao final, vibramos porque foi a partir dos escritos desse editor que ressoou o grito de liberdade de Steve Biko:

> "Não é de estranhar que a criança africana aprenda na escola a odiar tudo o que herdou. A imagem que lhe apresentam é tão negativa que seu único consolo consiste em identificar-se ao máximo com a sociedade branca [...] não há dúvida de que muito da abordagem para fazer surgir a Consciência Negra precisa ser voltada para o passado, a fim de procurar reescrever a história do negro e criar nela os heróis [heroínas] que formam o núcleo do contexto africano [...] Um povo sem uma história positiva é como um veículo sem motor" (BIKO, 1990: 42).

Educadores e educadoras: gritem contra o racismo

Os educadores e educadoras sensibilizados pela necessidade de implementação da Lei Federal nº 10.639/2003 podem utilizar-se do filme *Um Grito de Liberdade* para desenvolver diversos conteúdos e, principalmente, aqueles do universo das relações raciais brasileiras.

Como brasileiros, temos postergado a discussão sobre as relações raciais e, principalmente, sobre a perversidade do racismo brasileiro, pois o silêncio não resolveu e tampouco minimizou as atitudes racistas, discriminatórias e preconceituosas entre nós. Penso que ter coragem de desencadear esta discussão é o caminho, não apenas para um grito de liberdade, mas principalmente para uma liberdade para todos e todas. Como afirma o Parecer CNE nº 03/2004:

> "[...] valorização e respeito às pessoas negras, à sua descendência africana, sua cultura e história. Significa buscar compreender seus valores e lutas (*Diretrizes Curriculares Nacionais para a Educação das Relações Étnico-Raciais e para o Ensino de História e Cultura Afro-Brasileira e Africana*, 2002: 12).

A África do Sul amarga, até os dias de hoje, grandes problemas sociais, fruto dos anos de segregação racial dos negros e negras sul-africanos; apesar das consequências serem de ordem social, a sua origem é de cunho étnico-racial, as desigualdades eram, erroneamente, justificadas pela inferioridade da população negra perante a supremacia branca.

A história do Brasil não revela regime similar ao vivido no continente africano, mas a falácia da democracia racial no Brasil fez com que a gente postergasse a discussão sobre o racismo por muito tempo. Ao aprofundarmos as nossas reflexões, percebemos que os negros e negras brasileiros viveram e vivem, na sua grande maioria, em uma condição de apartamento étnico-racial e sofrem com condições sociais desiguais até a contemporaneidade, promovendo uma infinidade de danos psíquicos para a população negra brasileira.

A ascensão social da maioria da população negra está muito aquém das condições favoráveis que abarca grande parcela da população branca. É possível suscitar com o filme a discussão entre situação social e condição racial.

Para uma análise comparativa, podemos aproximar o regime do *apartheid* ao holocausto: nos dois sistemas foram criados guetos segregados para a população considerada inferior. Nesses espaços limitados, toda a vida era cerceada pelas condições precárias, pela falta de saneamento básico, por moradias paupérrimas e, principalmente, pela morte violenta e cruel a espreitar todos os dias.

As questões sociais que permeiam *Um grito de liberdade* são variadas. Cada educador e educadora, conhecendo os seus interlocutores, deverá introduzir a temática racial com respeito à faixa etária, à composição étnico-racial do grupo, com a capacidade de abstração para a realidade brasileira e, principalmente, com informações que permeiem o conhecimento sobre relações raciais no Brasil, para evitar os conflitos ideológicos. Devemos ter todos os cuidados necessários para que o conteúdo do filme possa suscitar o amor no coração das pessoas a fim de que passem a defender uma causa que seja de inclusão étnico-racial para todos e todas, independentemente da quantidade de melanina presente na pele de cada um.

Possibilitando gritos contra as desigualdades étnico-raciais

A exibição do filme, seguida de uma roda de conversa, será um bom termômetro para sentirmos o grau de aprofundamento que será possível e pertinente para o grupo. Havendo indicativos para o aprofundamento da temática e levando em consideração as particularidades do grupo, muitas ações poderão ser desenvolvidas.

A dramaturgia sempre é uma boa estratégia metodológica para qualquer faixa-etária: para as crianças, pequenos esquetes são interessantes de serem trabalhados; os adolescentes podem reescrever a história para a realidade brasileira e realizar a apresentação para o grupo interno e, havendo interesse, em datas comemorativas, de preferência não apenas naquelas que estão relacionadas à temática negra – 13 de Maio e 20 de Novembro. É preciso abordar o tema durante todo o período letivo.

As produções visuais, com cartazes, folhetos, máscaras, colagem, desenhos, e outros, geralmente, despertam o entusiasmo dos mais jovens e a produção de histórias em quadrinhos costuma ter ótima aceitação na realidade educacional brasileira.

A atividade de pesquisa poderá ser mais interessante com um caráter investigativo, como, por exemplo, sugira a seus alunos e alunas descobrirem quem foi um escritor negro reconhecido internacionalmente pela sua presteza na literatura ou, ainda, qual maestrina negra foi considerada inovadora para o cenário musical brasileiro e diversas outras pistas que você irá criar para despertar a busca do conhecimento sobre a população negra, a sua contribuição para a construção do Brasil e as suas condições socioeconômicas até os dias de hoje.

Devemos conhecer a vida das lideranças negras, como Steve Biko, Nelson Mandela, como também as nossas próprias lideranças negras.

FAÇA A COISA CERTA
Luciano José Santana[41]

Sobre o diretor

O que dizer de um dos maiores cineastas da atualidade? Somente elogios tem a receber Shelton Jackson Lee ou simplesmente Spike Lee para o mundo. As produções cinematográficas sobre a cultura afro-americana eram inexistentes até o final da década de 1980, e é exatamente aí que se dá o surgimento dele.

Seu primeiro trabalho, *She's Gotta Have It* tornou-se umas das mais bem-sucedidas produções independentes do país no ano de 1986, feito com um orçamento baixíssimo. Orçamento baixo ou, às vezes, a falta dele foi uma constante nas produções de Spike Lee. O espetacular Malcolm X, por exemplo, foi produzido às custas de colaborações financeiras de vários atores negros compromissados com a causa negra nos Estados Unidos.

Apesar de milionário, Spike Lee continua vivendo no bairro em que cresceu, o Brooklyn, em New York. Também está instalada lá a sua produtora de cinema independente, *40 Acres and A Mule*. Quarenta acres de terra e uma mula eram os bens materiais que todo escravo recebia em sua entronização nas lavouras das colônias escravocratas dos EUA. Ao batizar a sua produtora de cinema com esse título, indiretamente prestou uma homenagem póstuma a todos eles.

Visitando o Brasil em 1996 junto com o cantor astro Michael Jackson, gravou clipes musicais a convite deste juntamente com o grupo cultural Olodum, nas favelas do Rio de Janeiro e Salvador. Temendo uma repercussão

---

[41] Graduado em Filosofia e História. Professor da Rede Municipal de Educação de Contagem. Integrante do Grupo de Educadores Negros da Fundação Centro de Referência da Cultura Negra.

negativa da imagem do Brasil no exterior, o Governo brasileiro tentou dificultar a sua estadia e as respectivas filmagens do vídeo musical. Mas as lideranças das vilas e favelas, demonstrando força e organização, garantiram as apresentações de ambos, que foi um grande sucesso, com grande aglomerações de pessoas, fãs e admiradores.

Faça a Coisa Certa foi o seu terceiro sucesso, sendo o seu filme mais fascinante, que mistura humor e drama para mostrar como racismo é um absurdo e como pode provocar trágicas conseqüências na estrutura psíquica das pessoas vitimadas por ele. Por mexer em um dos pontos mais polêmicos da conservadora sociedade norte-americana, o preconceito racial, a crítica sobre o filme não foi das melhores. Temia-se que o filme pudesse incitar as pessoas a atos violentos e suscitar as discórdias raciais como a que ocorrera em Los Angeles no episódio que envolveu um cidadão negro, Rodney King, violentamente agredido por policiais brancos da cidade. O fato provocou uma onda gigantesca de protestos na comunidade negra norte-americana tendo repercussões na imprensa internacional na época.

O Filme

De um modo geral, os filmes de Spike Lee apresentam uma multiplicidade de abordagens do cotidiano negro, em uma mistura de sensibilidade, leveza, coerência, etc. No Faça a Coisa Certa, especialmente, ele explora com toda a riqueza de informações que lhe é peculiar cada grupo social ali representado. Sua câmera passeia pelas ruas do Brooklyn focando as personagens que vivem, cada qual a seu modo, as tensões diante do cotidiano que se apresenta a cada um: jovens negros e hispânicos desempregados, alienados, sem perspectivas no futuro; idosos cansados, sem esperanças de grandes mudanças; comerciantes em disputas acirradas pelos parcos volumes de dólares detidos pela maioria dos negros, habitantes do bairro.

Uma outra vertente focalizada pela mesma câmera apresenta-nos um segmento representativo das comunidades coreana e ítalo-americana, segmento social que deu certo num bairro predominantemente de negros. Ambas as comunidades têm a sua estabilidade financeira garantida pelos negócios.

Um dos comércios do local é exatamente uma pizzaria. A *Sal's Famous Pizzeria*, controlada por um descendente de italianos e seus dois filhos, orgulhosos das pessoas do bairro, que viram crescer e sobreviver saboreando as suas famosas pizzas. Existe na parede no interior da pizzaria um galeria de fotos com as mais variadas personalidades artísticas, todas brancas, de ascendência italiana. Há um certo orgulho do proprietário em representá-los na galeria da fama. É dentro desse local que se desenrola a trama central do filme.

Mookie é um jovem negro empregado da pizzaria. Trabalha como entregador para sustentar a namorada e o filho que tem com ela. Este personagem, interpretado brilhantemente por Lee, tem uma certa respeitabilidade pela comunidade, faz o seu trabalho com certa parcimônia, mas com muito zelo, a sua relação com o dono da pizzaria é boa, ao contrário da que tem com um dos filhos mais velhos. Uma relação de tensão sempre acontece quando os dois se encontram, lembrando-nos de que

> "para os brancos beneficiados pelo racismo, uma consciência ampliada disto gera raiva ou sentimentos de culpa. Evitar a questão racial é uma maneira de evitar estes sentimentos de desconforto; para as vítimas do racismo, a consciência do impacto do racismo em suas vidas é igualmente dolorosa e, frequentemente, gera raiva". (2002, p.158).

Mookie não aceita a subordinação a este filho mais velho, que sempre o insulta com referências negativas à população negra, mas que curiosamente tem seus ídolos todos compostos de personalidades negras.

Ele introjetou tão bem a ideologia da inferioridade negra em relação à branca que não deu conta de perceber seu gosto travestido, embevecido da nossa herança cultural negra. Repete em cada gesto e palavra o modo de ser dos negros. Mookie, ao chamá-lo para a realidade, só nos comprova aquilo que já sabemos tão bem, ou seja, a apropriação indevida dos brancos do nosso legado artístico, cultural, religioso e musical.

Fazendo a Coisa Certa...

Um dia comum como qualquer outro, a rotina é quebrada por uma desavença aparentemente banal. Dentro da pizzaria, discutem um freguês negro e o proprietário por causa da galeria de fotos. O freguês não entende a ausência de representantes da comunidade negra na galeria. Onde estão os nossos heróis aí representados? Como isso é possível num bairro como o Brooklyn, composto majoritariamente de negros? Consumidores que sustentam o comércio dos brancos ano após ano. Para tamanha contradição, não existe nenhuma explicação e não se vendo representado, o freguês sai à cata de pessoas no intuito de boicotarem o consumo das pizzas. Faz uma campanha solitária na tentativa de convencimento a todos os moradores do bairro. Não obteve o sucesso esperado. Nem mesmo de Mookie, temeroso de perder o emprego em caso de adesão ao boicote. Esta cena nos lembra de como a negação da nossa História pode trazer consequências devastadoras em nossa estrutura afetiva e psíquica. No dizer de Joseph Kizerbo, "um povo sem história, sem representação é como um indivíduo sem memória, um eterno errante". (1982, p. 20). Aqui no Brasil, na cegueira do nosso empresariado em continuar a nos ignorar enquanto mercado consumidor e nos negar um lugar de destaque nos meios de comunicação e na mídia em geral, só reforça a tese da nossa invisibilidade nesse meio. Se esta Nação hoje ocupa um lugar de destaque nas relações internacionais de comércio, muito se deve aos nossos ancestrais que foram brutalmente arrancados do nosso continente matriz e jogados aqui, de forma involuntária e coercitiva, dando sua contribuição na construção da riqueza desta nação nas mais diversificadas atividades: artesanato, metalurgia, ourivesaria, etc. A elite empresarial muito estranhamente prefere crer ainda que a população negra do Brasil não tem potencial de mercado consumidor e, esteticamente falando, está colocado que "negro não vende". Puro preconceito racial.

Colocado dessa forma, o resgate coletivo de nossa memória, da nossa representação, da história da comunidade negra não interessa apenas a ela mesma; interessa também às pessoas de outras ascendências étnicas, principalmente a branca. Também, conforme K. Munanga nos aponta,

> "os brancos, ao receberem uma educação envenenada pelos preconceitos, eles também tiveram suas estruturas psíquicas afetadas posto que a memória não pertence somente aos negros. Ela pertence a todos, tendo em vista que a cultura da qual nos alimentamos quotidianamente é fruto de todos segmentos étnicos que apesar das condições desiguais,

nas quais se desenvolveram, contribuíram cada um no seu modo na formação da riqueza econômica e social e da identidade nacional". (2005,p.15).

Guerra de Vingança

Uma outra cena do filme, esta já de final trágico, aponta-nos como a intolerância pode cegar as pessoas. O local é a mesma pizzaria do Sal, que discute dessa vez com um outro freguês a respeito do alto volume da música do seu rádio no interior do estabelecimento. Diálogos de surdos. Por insistência do negro em não abaixar o volume do rádio, a tensão do diálogo aumenta e o rádio é destruído por Sal e imediatamente inicia-se um tumulto generalizado. A polícia é chamada e intervém de forma violentíssima, assassinando por asfixia o dono do rádio. Acendeu-se assim a chama da discórdia racial na aparente democracia étnica até então existente no bairro.

Mookie e todas as pessoas do bairro ficam desoladas com a morte do amigo, rompendo em definitivo com o dono da pizzaria, que neste instante já não existe mais, destruída totalmente por todos.

Hoje, o *Faça a Coisa Certa* nos diz enfaticamente que o combate ao racismo é responsabilidade de todos nós e, através dele e das cenas citadas anteriormente, poderíamos tirar algumas sugestões para algum tipo de intervenção no nosso cotidiano. A primeira sugestão é conhecer mais as obras cinematográficas de Spike Lee e promover debates sobre seus filmes. A segunda é tê-lo pessoalmente conosco em seminários, conferências e simpósios, para propiciar, quem sabe, saídas para um combate mais eficaz a todas as formas de preconceito racial, incentivar atrizes, atores, diretores negros a investirem em seu potencial artístico e, finalmente, reforçar a estética negra como padrão de beleza no Brasil.

Considerando que a participação da classe média negra brasileira está a cada dia aumentando o consumo no mercado, pode-se imaginar o tamanho e o significado do impacto de uma ação afirmativa na linha do boicote proposto pelo filme, se algum dos nossos irmãos negros se encontrassem sob situação de grave ofensa e atitudes racistas. A afirmação da nossa identidade só se concretizará à medida que nós nos indignarmos com o menor gesto de preconceito racial praticado contra algum de nós. Um gesto de boicote bem planejado daria o sinal de insatisfação da comunidade negra à elite empresarial deste país, tão acostumado a nos deixar em estado permanente de invisibilidade nos meios de comunicação de massa de traços tão marcadamente eurocentrista.

Referências Bibliográficas

TEIXEIRA, Inês de Castro, LOPES, José de Souza. *A escola vai ao cinema*. Belo Horizonte: Autêntica, 2003.

MUNANGA, Kebengele. *Superando o racismo na escola*. 2.ed. Brasília: MEC-SECAD, 2005.

KIZERBO, J. *História geral da África*: metodologia e pré-história na África. São Paulo: Ática/Unesco, 1982.

BENTO, Maria Aparecida da Silva. (Org.) *Psicologia Social e Racismo*: estudo sobre branquitude e branqueamento no Brasil. Petrópolis - RJ: Vozes, 2002.

ÂNCORA E FAROL: O FILME MALCOLM X COMO ORIENTAÇÃO PARA A PRÁTICA EDUCATIVA ANTIRRACISTA E OUTROS USOS

Ivanilde Guedes de Mattos[42]
Wilson Roberto de Mattos[43]

"Eu sempre tive uma afeição profunda por Malcolm e sentido que ele teve uma habilidade grande em pôr o seu dedo sobre a existência e a raiz do problema. Era um orador eloquente no seu ponto de vista e ninguém pode honestamente duvidar que Malcolm teve um interesse grande em relação aos problemas que nós enfrentamos como uma raça."
Martin Luther King Jr.

O filme *Malcolm X*, lançado em 1992, estrelado pelo laureado Denzel Washington e tendo como tema a trajetória de um dos maiores líderes do movimento negro internacional de todos os tempos, já nasceu predestinado a tornar-se um grande marco artístico-político, seja na história do cinema propriamente dita, seja, como referência, no âmbito da galeria – infelizmente, ainda restrita –, dos suportes materiais próprios que reconfiguram a memória das experiências históricas das populações negras no mundo.

Dessa forma o filme se caracteriza como uma grande orientação para a reflexão autônoma, e talvez, o seu aspecto mais importante, como uma âncora moral e, ao mesmo tempo, um farol a iluminar a atuação das lideranças negras diante das demandas políticas, sociais, culturais e educacionais da contemporaneidade.

---

[42] Especialista em Metodologia em Educação Física e Esporte, Mestranda do Programa de Pós-Graduação em Educação e Contemporaneidade – PEC/UNEB e bolsista FAPESB.
[43] Doutor em História Social-PUC/SP, Professor Adjunto de História na Universidade do Estado da Bahia. Coordenador do Programa de Pós- Graduação em Cultura, Memória e Desenvolvimento Regional/UNEB-Campus V, e 1º Vice-presidente da Associação Brasileira de Pesquisadores Negros (ABPN).

A conjunção artística e, supomos nós, a relativa afinidade virtual de consciência racial entre diretor, personagem tema e ator principal compõem um resultado absolutamente adequado na perspectiva da utilização do filme como um poderoso recurso didático na discussão sobre as características do racismo, sobre o processo de reconstrução positiva da auto-estima, sobre os caminhos e as perspectivas para o crescimento individual e coletivo das populações negras, enfim, sobre os vários aspectos envolvidos no processo de luta pela construção da igualdade de oportunidades e de direitos entre negros e brancos, seja no Brasil, nos EUA ou em qualquer outro lugar do mundo onde a desigualdade racial é uma realidade.

O já demonstrado talento do jovem cineasta, Spike Lee, na direção de filmes de sucesso como *Faça a Coisa Certa* (1989), *Mais e Melhores Blues* (1990) e *Febra da Selva* (1991), não impediu que ele enfrentasse uma série de obstáculos na realização do seu mais ambicioso projeto cinematográfico, qual seja, retratar a trajetória biográfica de um dos maiores e mais contundentes líderes negros da nossa história. Por razões de ordem comercial e – desconfia-se –, por razões que não se costuma nomear explicitamente, não foi nada fácil para esse diretor, negro, baixinho, regularmente vestido com roupas de moletom e boné, desenvolver um projeto que superava cifras convencionais.

Com um elenco de atores muito competentes, uma eficiente equipe técnica, um grande número de figurantes, com locações internacionais e um trilha sonora primorosa, reunindo o primeiro time do *jazz*, a exemplo de Ella Fitzgerald e John Coltrane, o filme pode ser considerado uma superprodução. Seguramente, a primeira superprodução de um cineasta negro na história do cinema mundial. Prova disso foi a indicação do filme ao Oscar nas categorias de Melhor Ator e de Melhor Figurino.

Iniciadas as filmagens, por várias ocasiões, os "estouros" no orçamento original provocaram interrupções no trabalho. A finalização só foi possível devido à perseverança de Spike Lee e à decisão de recorrer aos amigos no momento em que a produção do filme estava ameaçada de não mais prosseguir.

Celebridades do mundo negro dos esportes e do entretenimento como Michael Jordan, Ophra Winfrey, Michael Jackson, Earvin "Magic" Johnson e outros, seguramente, sensíveis à importância de um filme com esta temática, não recusaram ajuda para que o projeto se realizasse na forma como o concebeu o seu idealizador.

Baseada na autobiografia de Malcolm X, publicada por Alex Haley, conhecido escritor negro norte-americano, autor do livro que inspirou a série de televisão intitulada *Raízes*, o filme retrata a vida de um homem cuja trajetória de autossuperação das condições inferiorizantes e degradantes provocadas pelo racismo, configura-se como um exemplo de dignidade, altivez e determinação.

O anúncio do destino: traumas familiares, racismo e morte

Malcolm Little nasceu em Omaha, Estado de Nebrasca, região central dos EUA, em 19 de maio de 1925, era filho de um pastor protestante de nome Earl Little. Completava a família a mãe, Louise (Norton) Little, uma mulher negra de pele clara – segundo informações do filme, fruto de um estrupo –, e mais seis irmãos.

Como todas as famílias negras dos EUA, à época, sobretudo as residentes nas antigas regiões escravistas, a família Little estava sujeita a constantes provocações e ataques violentos dos grupos de supremacia branca, tais como a Ku Klux Klan[44], uma seita extremista, racista, homofóbica e antissemita, que até hoje, contrariando os fundamentos mais elementares da democracia e da convivência pacífica entre as diferenças, resiste como uma aberração inexplicável.

Não reconhecidas como portadoras de direitos básicos de cidadania, famílias negras, como as de Malcolm, eram violentadas, enxotadas de seus lares, caçadas, assassinadas e estupradas por uma minoria poderosa de brancos

---

[44] A Ku Klux Klan, organização que pregava a supremacia branca, foi fundada originalmente, em 1866, por veteranos do Exército Confederado do Sul dos EUA. Seus membros usavam métodos violentos alegando se defenderem dos perigos representados pelos negros libertados da escravidão, na ocasião da Guerra Civil americana. Após ser posta na ilegalidade em 1871, ressurge no Estado da Geórgia, em 1915, sob a liderança de William Joseph Simmons. Autodenominando-se uma organização fraternal, essa confraria racista agia violentamente contra os judeus, católicos, imigrantes, homossexuais e, principalmente, contra a população negra. A Ku Klux Klan operava abertamente por todos os EUA, promovendo ações de linchamento, enforcamento, destruição de residências negras, assassinatos e outras atividades igualmente violentas. Teve nos seus quadros alguns políticos e pessoas públicas importantes. Por volta de 1920, possuía mais de 4 milhões de membros associados. Apesar de estar bastante enfraquecida, a Ku Klux Klan existe até hoje.

racistas, cujos rituais públicos de demonstração da sua supremacia se reduziam em queimar vivos ou enforcar, em praça pública, negros e negras que desafiassem ou colocassem em perigo qualquer possibilidade de contestação pessoal ou social, das suas regras racistas de superioridade preconcebida.

O filme mostra que com a família de Malcolm não foi diferente. A consciência da desigualdade racial e o consequente exercício do magistério religioso a serviço da ampliação da causa negra custaram a vida do pastor Earl Little, assassinado pela Ku Klux Klan, em 1931. Embora uma afirmação determinista não seja correta, não podemos deixar de associar a esse episódio o desenvolvimento e evolução da doença da mãe, Louise Little, clinicamente declarada louca, em 1939, e mesmo a criminalidade rebelde que caracterizou a vida de Malcolm Little, durante os anos da sua juventude.

A narrativa cinematográfica permite um rompimento com a linearidade cronológica e, mesmo o autor tendo lançado mão dessa relativa liberdade no processo de montagem do filme, o mesmo se divide, basicamente, em três momentos sequenciais com delimitações temáticas muito precisas: a fase errante de instabilidade e perambulação de Malcolm e seus amigos, pelo mundo do crime; a fase da conversão ao Islamismo e do despertar para a uma nova consciência e posição diante dos dilemas raciais que dividiam a sociedade americana; e a fase de formação, legitimação social e de autonomia que transforma o errático, violento e anônimo negrinho alcunhado Red – apelido que lhe deram pelo seu cabelo avermelhado –, em um líder negro público, convicto, determinado, de estatura moral inquestionável e absolutamente irresistível, que entrou para a história com o nome de Malcolm X.[45]

Do ponto de vista pedagógico, digamos assim, esses três grandes momentos com seus conteúdos históricos, imagéticos e musicais, internamente coesos e, no conjunto, coerentes, apresentam-se a nós como perfeitamente adequados ao uso como recurso didático, não obstante a característica intrínseca do cinema, de um modo geral, e do próprio filme, em nos provocar emoções, sentimentos e reflexões as mais variadas.

---

[45] A adoção do "X" como substituição ao sobrenome Little foi adotada por Malcolm como um protesto à vinda forçada da terra original e ao conseqüente ingresso no anonimato da escravidão.

A título de sugestão, destacamos alguns aspectos por nós considerados bastante interessantes.

Red e Shorty: sonhos frustrados, cabelos alisados e juventude errante

O primeiro momento do filme, diante da sedutora e ainda popular atmosfera jazzística, entre bares, mulheres, gângsteres e delitos, o filme nos apresenta os personagens Shorty (interpretado pelo próprio Spike Lee) e Red. Amigos inseparáveis vestidos com casacas coloridas, gravatas, chapéus de abas largas, sapatos de couro com duas cores e o principal, cabelo alisado. Se a leveza dos gestos, os passos das danças, o jeito singular de andar e as cores das roupas indicam a autenticidade e exuberância de uma cultura negra, afrodescendente, criada e enriquecida na diáspora americana, o cabelo alisado denuncia o peso da aproximação do ideal branco de beleza.

Alisar os cabelos para parecer com o branco talvez tenha sido – se ainda não o é – a atitude que melhor representa as tentativas do negro de se livrar simbolicamente dos estigmas causados pelo preconceito de cor. A simulação ou incorporação efetiva não só de características físicas e estéticas, mas, sobretudo, de valores e concepções cujos fundamentos se alicerçam na negação e inferiorização do pertencimento a algo que demonstre a mais remota origem africana ou negra, de um modo geral, tem-se configurado como um grande obstáculo ao processo de elevação da autoestima de grande parte das populações negras e dificultado a arregimentação de talentos políticos, culturais e intelectuais, com número e força suficientes para derrotar de uma vez por todas os inimigos da igualdade racial.

No filme não é diferente, a impotência, um dos mais perversos efeitos causados pelo racismo sistemático do sul pós-escravista, e, como consequência, o autodesprezo por si mesmos, simbolizado nas sessões de alisamento de cabelo, mas objetivamente expresso no comércio e uso indiscriminado de drogas, na prostituição e exploração das mulheres e no resvalo para a criminalidade de vários tipos, selou o previsível destino de muitos dos amigos de Malcolm Little. Alguns morreram, outros terminam isolados na miséria e no vício.

A cena em que Malcolm X, já consolidado como uma grande liderança da Nação do Islã, visita o antigo amigo, Archie, é pedagogicamente ilustrativa de uma sequência que muitos, infelizmente, não tiveram forças para inverter. O velho e astuto Archie, de memória prodigiosa no controle e agenciamento de jogos ilegais, iniciador de Malcolm Little no mundo do crime, é encontrado em companhia de ratos, na miséria, sozinho, doente e paralisado pelo uso de drogas. A cena mostra que, do antigo poder como chefe da contravenção, não lhe resta nem mais o poder sobre o seu próprio corpo.

Seguindo o perfil geral desse primeiro momento do filme, há uma cena em que o encontro de Malcolm Little com a loira Sofhia retrata um dos mais polêmicos e, infelizmente, pouco estudado, aspectos da subjetividade do homem negro, qual seja, o anseio por relacionamento amoroso com a mulher branca.

Obviamente a delicadeza da questão cuja importância não se limita à cena abordada pelo filme não permite reflexões reducionistas, no entanto nós nos arriscamos a apresentar uma sugestão de interpretação. Red ordena que Sophia lhe beije os pés e lhe dê comida na boca. Essa metáfora imagética de subordinação, absolutamente incomum na história das relações pessoais e sociais entre negros e brancos, seja nos EUA ou no Brasil, muito menos nos momentos mais agudos da imposição da supremacia branca, funciona muito mais como demonstração da ineficácia de um recurso pessoal pontual, machista, simbolicamente violento e individualizado, portanto, socialmente irrelevante, que mais confirma do que contraria a regra da dominação branca.

Subjetivamente, pode ser lido como uma espécie de vingança que se configura como tal na medida em que o homem negro espoliado, discriminado, violentado e diminuído na sua potencialidade masculina, apropria-se, fazendo, literalmente, uso livre da mais cara "propriedade" do homem branco: suas mulheres. Não por acaso, no sul da supremacia branca, qualquer intercurso sexual entre um homem negro e uma mulher branca era sumariamente considerado pela Ku Klux Klan como estupro, cabendo ao homem negro a severa punição da forca.

Dentre as inúmeras cenas que confirmam a presença deletéria do racismo no processo de formação de Malcolm, entre a desagregação da sua família, após o assassinato violento de seu pai, e a evolução da doença de sua mãe, é na escola que observamos uma das mais violentas manifestações do racismo moderno, qual seja, a tentativa de anulação do sonho como o grande acalentador das possibilidades de um futuro melhor para as populações negras.

A cena se passa na escola. O pequeno Malcolm é o representante da turma em sua sala. O diretor conversa com ele amistosamente sobre uma opção profissional realista, e pergunta o que ele deseja ser quando adulto. Malcolm responde que deseja ser advogado. O diretor, com a naturalidade de uma convicção consciente orientada pela pressuposição da supremacia branca, contradiz o garoto dizendo: "Essa não é uma opção realista. Negros não são advogados. Por que não carpinteiro? Jesus foi carpinteiro. Carpinteiro sim é uma opção realista. Negros podem ser carpinteiros".

Muito longe disso, as únicas opções realistas que ofereceram ao jovem Malcolm acabaram levando-o para a cadeia. A partir daí há uma mudança temática significativa no filme iniciando do segundo momento. A penitenciária, convencionalmente tida como um espaço violento e de aprofundamento na prática do crime, é o lugar que dá início à transformação de Malcolm Little, ou Red, em Malcolm X.

Conversão e renascimento: o Islamismo e a emergência da liderança

É na penitenciária que o nosso personagem se converte ao Islamismo. O tempo lento da cadeia, propício à reflexão e à rememoração dos horrores indizíveis do racismo, associado à destemida personalidade de Malcolm e ao forte apelo profético do Islamismo, levado ao seu conhecimento por um companheiro negro de prisão de nome Baines, canalizam as energias rebeldes do errante Red, para um processo quase obsessivo de autorreconstrução completa de sua vida.

O Islamismo teve o poder de promover o encontro de Malcolm com o melhor de si mesmo. Todas as suas potencialidades latentes, somadas àquelas cuja experiência mundana lhe obrigou desenvolver e aperfeiçoar, temperadas por uma disciplina de leituras de filosofia, de textos da Bíblia e das exortações do irmão Baines, convergiram na formação de um líder político e religioso de capacidade e gênio comparável apenas ao seu contemporâneo, o pastor protestante Martin Luther King Jr.

Esse é um momento do filme cujo uso pedagógico recomenda dar destaque à força da convicção. É ela, por exemplo, que orienta a reconsideração crítica em relação a fatos, narrativas hegemônicas, processos e episódios que, cristalizados nas dimensões arquetípicas das nossas consciências ou inscritos na memória histórica como verdades definitivas, passam a ser questionados. Uma dessas cristalizações questionadas pelo personagem durante o seu processo de reconstrução diz respeito ao tema polêmico da cor de Jesus Cristo e de seus apóstolos. Durante o serviço religioso da penitenciária, Malcolm pergunta ao capelão qual era a cor de Jesus Cristo e de seus discípulos. O capelão responde não ter certeza e tergiversa dizendo que eles eram hebreus. Malcolm faz a segunda pergunta: que cor eram os hebreus, e antes da resposta, comenta que, em uma passagem específica da Bíblia, descreve-se Jesus Cristo como tendo cabelo de lã e pé cor de bronze. Como decorrência, uma pergunta implícita, não respondida, fica no ar e nos acompanha até hoje: se Jesus Cristo tinha cabelos de lã e pés cor de bronze, por que as imagens o retratam como um homem loiro de cabelos compridos e olhos azuis?

Na nossa interpretação, esta parte do filme profeticamente encerra a sugestão de um projeto intelectual coletivo que somente agora vem tomando uma forma mais sistemática.

Indo direto ao assunto, nós nos estamos referindo à necessidade inadiável que os quadros intelectuais negros têm de suspeitar de todas as narrativas hegemônicas que se ocuparam da nossa história – sejam essas narrativas científicas, literárias, imagéticas ou outra qualquer – e, em decorrência, assumirem a obrigação de produzir referências adequadas à reconfiguração e portanto, renarração das nossas próprias experiências históricas, do passado mais remoto ao mais próximo.

Glória e risco: a imortalização do gigante

O terceiro momento do filme se inicia quando Malcolm, já convertido e absolutamente convicto das suas tarefas, sai da penitenciária e encontra-se com Elijah Muhammad, líder de uma das principais organizações negras americanas à época, a Nação do Islã.

A absoluta confiança de Malcolm nos ensinamentos do Muhammad, desde os tempos da cadeia, e a própria experiência deste na identificação das características de carisma, inteligência destacada e oratória incendiária de Malcolm, contribuem para destacá-lo como o grande divulgador da Nação do Islã como organização nacional.

O casamento com Betty Sanders (Shabazz), assim como o nascimento das filhas, dão a Malcolm X a estabilidade emocional necessária para o rápido crescimento da sua liderança. Como toda religião dominada pelos homens – um eufemismo cortês para não dizer machista –, à Betty competia cuidar da casa e das crianças enquanto o marido, desobrigado dessas tarefas, consolidava uma trajetória vitoriosa de sucesso pessoal e de compromisso público com a causa do Islamismo e a organização dos negros contra o racismo. A causa era absolutamente justa e necessária; no entanto, o velho receituário machista de submissão e quase anulação das mulheres se repetia.

As viagens são frequentes, os contatos e a influência pública de Malcolm X se multiplicam. A sua luz pessoal brilha na mesma intensidade que o crescimento da organização e do movimento, de um modo geral. Seus discursos, pregações e publicações traduzem e expressam com perfeição o sentimento de angústia e a revolta – até então contida – dos negros e negras silenciados sob o peso da opressão racista.

Por várias vezes, inquirido se pregava o ódio aos brancos, Malcolm X sempre respondia que a Nação do Islã não ensinava o ódio aos brancos e sim o amor dos negros por si próprios. Completava a resposta dizendo da dificuldade de amar os brancos porque eles é que mandavam as drogas para as comunidades com a finalidade de pacificar e imobilizar os negros e promoviam a prostituição para degradá-los e anular os sentimentos de família.

Repetindo as palavras de Elijah Muhammad, Malcolm reforçava a ideia de que o Islã era, para os negros na América, a única saída contra o crime, as drogas e a prostituição. A Nação do Islã, iluminada pelo profeta Maomé, ensinava os negros a combater essas mazelas mundanas purificando o corpo, cuidando da comunidade, dos próprios negócios e cultivando a inteligência.

Descontado um certo moralismo, próprio das circunstâncias e das características doutrinárias desse tipo de confissão religiosa, os efeitos políticos da Nação do Islã, demonstrados em várias cenas do filme, se não chegaram a concorrer em igualdade de influência, alcance e de resultados com o movimento orientado pelo pacifismo político e cristão de Martin

Luther King Jr., são destacáveis como poderosos agentes mobilizadores de forças morais, convictas na tarefa coletiva de reconstrução das comunidades negras na luta contra o racismo.

Do nosso ponto de vista, este momento do filme é o mais rico em elementos capazes de provocar reflexões não só relacionadas a atividades educativas, mas, sobretudo, relacionadas a avaliações comparativas sobre os caminhos e tarefas do movimento negro contemporâneo. As formas de organização, as estratégias e pautas de luta, o processo de formação dos quadros de direção, bem como a identificação dos agentes mobilizadores e congregadores das coletividades negras, se não nos servem como modelos a serem seguidos, dadas as notórias diferenças históricas, servem-nos, e muito, como referências de uma trajetória de luta vitoriosa. A imortalização de Malcolm X na galeria das principais personalidades dos movimentos pelos direitos e autodeterminação dos povos negros do mundo todo é prova de que a sua luta não foi em vão.

Ainda que suspendamos um juízo de valor mais definitivo, o mesmo não pode ser dito, pelo menos com a mesma convicção, em relação a outras lideranças da Nação do Islã, à época. Os momentos finais do filme nos inclinam à interpretação de que a organização que Malcolm X ajudou a construir e notabilizar foi a mesma que – de alguma forma difícil de precisar – contribuiu para o silenciamento da sua voz.

O rompimento com a Nação do Islã começa quando a organização, ao interpretar o crescimento e notoriedade pessoal de Malcolm, como uma ameaça à perpetuação da liderança de Elijah Muhammad, investe na tarefa programada de limitar, até a anulação completa, o seu espaço de atuação vinculado à organização.

A dimensão da confiança que Malcolm X depositava no principal líder da Nação do Islã, já abalada pela tentativa de silenciá-lo, transformou-se em uma imensa decepção quando ele descobre que Elijah Muhammad, valendo-se do seu *status* e posição, mantivera relações amorosas com várias irmãs da Nação do Islã, tendo, inclusive, um filho não reconhecido.

Imensamente frustrado e em processo de crise religiosa, Malcolm X, numa tentativa de encontro com os fundamentos do Islamismo, decide fazer uma peregrinação a Meca. Antes do retorno aos EUA, visita alguns líderes políticos em países africanos como Gana e Nigéria. Em uma segunda viagem, visita a Libéria, o Senegal e o Marrocos.

Em menos de um ano, decorrido entre o seu retorno das viagens e o seu assassinato, em 1965, Malcolm, já dissidente, procura reorganizar a luta antirracista americana sob novos patamares a partir de uma nova leitura do Islamismo.

A peregrinação de Malcolm à cidade sagrada de Meca, lugar onde conviveu por alguns dias com irmãos de fé das mais variadas procedências e pertencimentos étnico-raciais, desencadeou um processo de reorganização do seu pensamento. Por um lado, confirmou a sua convicção no valor original do Islamismo e, por outro, provocou uma reconsideração da relação com os brancos. Estes deixavam de ser considerados "diabos de olhos azuis", como Malcolm os classificava anteriormente, passando a ser considerados por ele como aliados na luta antirracista. A questão da igualdade racial de direitos, oportunidades e tratamento deixa de ser uma questão de encaminhamento exclusivo dos negros, transformando-se em uma questão da sociedade americana como um todo.

Esse anúncio de uma nova perspectiva na luta contra o racismo e as possibilidades de que ela se ampliasse com a liderança e o grande poder mobilizador do carisma de Malcolm X passaram a representar um imenso perigo, tanto para os objetivos restritivos da Nação do Islã, quanto para os objetivos racistas dos defensores da supremacia branca. Daí para o assassinato planejado de Malcolm X, foi apenas um passo.

No dia 21 de fevereiro de 1965, na cidade de New York, no início de uma palestra dirigida à comunidade, o anúncio da boa nova foi precocemente interrompido por uma saraivada de balas que atingiu o gigante. Malcolm X tombou, como trinta e quatro anos antes daquela data, havia tombado seu pai, Earl Little, e como, três anos depois, viria a tombar o pastor Martin Luther King Jr. Todos assassinados na defesa dos direitos dos negros do passado, do presente e do futuro.

O filme se encerra com várias crianças de todas as cores assistindo a uma aula de Nelson Mandela e repetindo a seguinte frase: *"I am Malcolm X"*. Não poderíamos esperar de Spike Lee algo mais significativo, qual seja, a geração do futuro incorporando na sua autodefinição identitária o legado de um ser humanamente vitorioso.

Questões para sala de aula

a) Com base no filme, procure identificar algumas características do Islamismo e compará-las com o Catolicismo.

b) Identifique no filme algumas cenas que podem ser consideradas como práticas racistas.

c) Reflita sobre o fato de Malcolm X questionar e discordar do capelão da penitenciária acerca da cor com que Jesus Cristo é costumeiramente representado.

d) Pesquise sobre as diferenças e semelhanças existentes entre a luta antirracista de Malcolm X e a luta de Martin Luther King Jr.

e) Em sua opinião, o que levava os negros do filme a alisar os cabelos? Alisar os cabelos hoje tem o mesmo significado?

Referências Bibliográficas

GENOVESE, Eugene D. *A terra prometida:* o mundo que os escravos criaram. Rio de Janeiro: Paz e Terra, 1988.

GOMES. Nilma Lino. Uma dupla inseparável: cabelo e cor da pele. In: SILVÉRIO, Valter Roberto *et al.* (Org.) *De preto a afrodescendente:* trajetórias de pesquisa sobre relações étnico-raciais no Brasil. São Carlos: Edufscar, 2003. p.137-150.

HALEY, Alex. *Raízes: a saga de uma família.* 6ª ed. Rio de Janeiro: Record, s/d.

KING, Martin Luther (Jr.). *O grito da consciência.* Rio de Janeiro: Expressão e Cultura, 1968.

MATTOS, Wilson Roberto de. Valores civilizatórios afro-brasileiros, políticas educacionais e currículos escolares. *Revista da FAEEBA – Educação e contemporaneidade,* Salvador, v. 12, n. 19, p. 247-252, jan./jun. 2003.

_____ Escravos astutos – Liberdades possíveis: reivindicações de direitos, solidariedades e arranjos de sobrevivência em Salvador (1871-1888). In: SILVÉRIO, Valter Roberto et al. (Org.). *De preto a afrodescendente:* trajetórias de pesquisa sobre relações étnico-raciais no Brasil. São Carlos: Edufscar, 2003. p. 25-50.

MATTOS, Ivanilde Guedes de. *Mutações no ensino de educação física:* um olhar para o corpo negro. Belém: XVII EPENN (Anais – CD-rom), 2005, ISBN 85.247.0284-2.

MINTZ, Sidney W., PRICE, Richard. *O nascimento da cultura afro-americana:* uma perspectiva antropológica. Rio de Janeiro: Pallas / CEAB – Universidade Cândido Mendes, 2003.

OS MÚLTIPLOS SONS DA LIBERDADE[46]

Nilma Lino Gomes[47]

Qual é o som da liberdade? É aquele que se ouve na escola? Na rua? Na relação com os amigos? Ou é a voz de quem vive o processo de saída da juventude e entrada para a vida adulta? Ou será o som emitido pela história de vida de figuras humanas que, com sua luta, mudaram o rumo da história de um país e de um povo?

No filme *Sarafina – o som da liberdade*, a protagonista não é uma ilustre professora, mas, sim, uma jovem cujo nome intitula a obra. *Sarafina* é a garota que, a duras penas, compreende que o som da liberdade é o som daqueles que, na incansável luta contra a exclusão social e a discriminação racial, descobrem que para se construir um país livre é preciso, em primeiro lugar, libertar-se a si mesmo do ódio causado pela opressão.

Os aprendizados e a vivência sofrida de tantas crianças, adolescentes e jovens negros e negras que viveram sob o regime do *apartheid* na África do Sul fazem parte da narrativa. A partir dela poderemos focar o nosso contexto, refletindo e analisando o que significa a experiência do racismo na vida de milhares de adolescentes e jovens negros(as) brasileiros com os quais convivemos na escola pública.

Sarafina, na sua vivência, no seu amadurecimento precoce de adolescente-jovem-mulher vai descobrindo, aos poucos, que o primeiro passo da luta pela liberdade não está simplesmente no desejo de garanti-la ao outro, a qualquer preço, e nem somente na elaboração de focos de resistência política. É fato que ambas as estratégias fazem parte dos processos de

---

[46] Texto originalmente publicado no livro *A Escola vai ao Cinema*, organizado por Inês Assunção de Castro Teixeira e José de Sousa Miguel Lopes (Belo Horizonte, Editora Autêntica).
[47] Professora da Faculdade de Educação da UFMG. Doutora em Antropologia Social/USP.

reação e oposição a um sistema opressor e racista. Contudo, se forem construídas de maneira ingênua e, sobretudo, se tiverem o ódio como alicerce, aqueles que as elaboram e lutam pela realização dessas mesmas estratégias tendem a cair na armadilha da violência imposta pelo opressor. O ódio, a intolerância e a arrogância são armas utilizadas pelos regimes autoritários contra os grupos que estes desejam subjugar e, talvez, a sua força esteja no fato de que elas são absorvidas e aprendidas pelos sujeitos cuja opressão incide. O filme nos mostra como é difícil não cair nessa armadilha quando se tem a dignidade confrontada cotidianamente, a casa invadida, os colegas assassinados e uma sociedade envolta no medo. O som da liberdade torna-se tênue e apagado diante do som da opressão. Como então poderemos ouvi-lo?

Durante toda a trama, as personagens vivem tensões diante de escolhas nas quais a construção da liberdade está em jogo. Se o ódio ao opressor tornar-se o motor da luta pela libertação, corre-se o risco de desfocar-se do objetivo principal da mesma, a saber, a construção de uma sociedade democrática. O ódio poderá voltar-se contra os próprios oprimidos e, nesse contexto, as discordâncias e as diferenças de concepção – presentes no interior de qualquer grupo – poderão resultar na competição interna entre aqueles que resistem. A luta contra a miséria e contra as condições humanas indignas deixará de ser o foco da construção de uma sociedade mais justa e a vingança, alicerçada na violência, poderá ser tomada como a principal arma para se chegar ao poder. Já na primeira cena do filme, vemos os jovens negros sul-africanos se defrontarem com esses dilemas.

Essa realidade tão complexa abordada pelo filme poderia cair facilmente numa moralização das relações entre grupos opressores e oprimidos ou na condenação fácil dos oprimidos diante das suas difíceis escolhas políticas e éticas. Será que o filme consegue sair desse apelo moralista? Se nos ativermos à história e às vivências de *Sarafina*, de sua professora e de sua mãe, não seremos induzidos a esse tipo de interpretação e menos ainda se focalizarmos a figura de Nelson Mandela, a referência dos sons das liberdade.

Mas quem é *Sarafina*? É uma jovem negra, moradora do Bairro de Soweto na África do Sul, no contexto do regime do *apartheid*. Essa garota vive uma série de experiências e aprendizados individuais e coletivos nos mais diferentes contextos de interação social escolar e não escolar. Apesar de a escola ocupar um lugar importante na trama do filme, as vivências e o aprendizado de *Sarafina* não se restringem ao espaço escolar, antes, acontecem com muito mais intensidade no seu cotidiano, na sua admiração pela figura humana de Nelson Mandela que, no contexto dessa narrativa cinematográfica, ainda encontrava-se preso.

É a história de Mandela que essa garota aprende a respeitar e admirar. Diante de uma foto de Nelson (como ela o chama de maneira íntima) pregada na parede do seu quarto, numa casa-cubículo onde vivia com seus parentes e com seus irmãos menores, *Sarafina* brinca, conta sua história, tira dúvidas, fala das angústias e sonha com a mesma liberdade que este líder negro revolucionário sonhou. Ele é, para ela, um interlocutor oculto.[48]

Apesar de a trama envolver as atividades da garota e de outros(as) jovens na escola, é na vida cotidiana, nas relações humanas, no sofrimento da mãe doméstica, na inconformidade de uma professora com a submissão dos outros docentes ao tipo de ensino privilegiado pelo *apartheid*, na tortura e na prisão que *Sarafina* compreende que a passagem daquilo que nos colocamos como ideal para o que é desejado e necessário se faz somente pelo possível. Não se trata de conformismo, mas da construção de um projeto de vida e de sociedade. Estamos, então, no campo da utopia, vista como sonho possível e não como algo irrealizável. Talvez tenha sido essa compreensão que manteve Nelson Mandela vivo e íntegro, mesmo durante tantos anos de prisão.

Até que *Sarafina* e um grupo de jovens negros(as) de *Soweto* compreendessem esse duro aprendizado da vida, eles radicalizaram, queimaram escolas, depredaram e até mataram. O ódio tomou conta de todos. Assim, o sonho de liberdade que gerou a revolta e a resistência dos jovens à situação de opressão imposta pelo *apartheid* se misturou com o ódio e com a intolerância e quase exterminou suas próprias vidas.

A importância da radicalidade da vida humana talvez tenha sido um dos aprendizados de Nelson Mandela no interior da prisão. Esse também foi um aprendizado de *Sarafina*. Mandela lutou para permanecer vivo. Isso é mais

---

[48] Nelson Mandela foi liberto no ano de 1990. Foi eleito presidente da África do Sul nas primeiras eleições democráticas daquele país, em 1994.

do que instinto de sobrevivência. É construção de um projeto e sabedoria política. Nem todos os líderes negros(as) da nossa história conseguiram permanecer vivos. A memória dessas figuras humanas ilustres que movimentaram povos, lideraram reações e resistências nos alimenta e nos inspira até hoje. Para muitos, nenhuma escolha foi permitida pelo regime opressor. No caso de Nelson Mandela, sua vida não foi simplesmente "poupada" pelo regime do *apartheid* devido ao medo deste diante da possibilidade de uma comoção popular de proporção inigualável, caso esse líder negro fosse assassinado ou mesmo devido às pressões internacionais que exigiam sua libertação. Mandela construiu uma estratégia de luta pautada na necessidade de se manter vivo, pois só assim poderia sair da prisão e realizar a sua utopia junto com seu povo ou pelo menos parte dela. E, de fato, após a sua libertação, o mundo assistiu a Nelson Mandela ser eleito presidente da África do Sul e conseguir, depois de anos de prisão, não se tornar um homem insensível. No filme, Mandela é a referência do aprendizado de vida dos(as) jovens negros(as), especialmente *Sarafina*, na luta em prol da liberdade. O som da liberdade vem da vida desse e de outros líderes negros sul-africanos.

Dentro da prisão, Mandela, com sua história de vida, conseguiu atingir multidões dentro e fora do seu país, talvez muito mais do que se ele tivesse desenvolvido um tipo de resistência cujo confronto ao opressor fatalmente o levaria à morte. É possível visualizar no filme uma dimensão pedagógica quando este nos mostra que as novas gerações precisam de lideranças e narra sobre a importância de nos espelharmos em figuras humanas reais. *Sarafina* considera Mandela como a sua principal referência política. De alguma forma, isso transforma a sua vida.

No filme, os livros didáticos adotados pela escola não apresentavam nenhuma figura humana negra e nem destacavam os heróis da luta do povo sul-africano. As lições de liberdade aprendidas por *Sarafina* e seus amigos não eram consideradas como temáticas importantes dentro das diversas disciplinas do currículo da escola. Somente uma professora teve coragem de, ao entrar em contato com os alunos, narrar para aquela turma de jovens ansiosos por conhecer a si mesmos e ao seu país uma história diferente cujo personagem principal era o povo sul-africano. Quando nos defrontamos com uma narrativa como esta, somos induzidos a perguntar-nos pelo espaço que temos dado na escola brasileira à presença de figuras humanas cuja história de luta tem sido uma referência de vida para nós e para nossos alunos(as).

Os setores populares se espelham em figuras humanas do seu próprio meio, que são exemplos de vida na sua luta cotidiana. Entre estas figuras, estão lideranças negras e pessoas anônimas, as quais não estão registradas nos livros didáticos, não são faladas dentro da escola, não são temas das nossas aulas nem na educação básica e tampouco nos cursos superiores. Onde está, nos nossos livros didáticos, a história de Zumbi, Dandara, Luiz Gama, Luiza Mahim, Cruz e Souza, Lélia González e tantos outros negros e negras cuja vida é um exemplo de luta contra a opressão, a escravidão e o racismo? Onde está a história das famílias dos nossos alunos que lutam cotidianamente para manter seus filhos na escola e lhes proporcionar uma vida digna?

A escola é um tempo-espaço dinâmico por mais que se apresente, na maioria da vezes, como uma ilha isolada com pouca ou quase nenhuma relação com os espaços não escolares. Porém essa não é uma tendência natural da escola. É uma construção histórica que, mais tarde, tornou-se um opção política. O currículo escolar faz seleções, recorta, alimenta e privilegia certas representações de ser humano, de tempo e espaço e, ao fazer isso, contribui para a construção de identidades sociais. Essa situação pode ser notada no filme. Embora os professores da escola frequentada por *Sarafina* soubessem, compreendessem e até mesmo discordassem do que acontecia naquele país e reconhecessem que a opressão estava refletida no currículo escolar vivido pelos(as) jovens estudantes, a maioria fez a opção por se calar. Mas nem todos se calaram.

Embora o diretor e grande parte dos professores adotassem um comportamento submisso e protetor diante da "imagem" de escola imposta pelo *apartheid*, os conflitos, as vivências e a opressão vividos pelos(as) jovens negros(as) fora da escola invadia a todo momento os bancos escolares e eram motivos de questionamentos, de cumplicidades, rivalidades e revoltas. A tentativa da escola de manter-se alienada diante da realidade sofrida pelos negros e negras da África do Sul tornou-se insustentável. Por isso, entre os alvos da revolta dos estudantes, estava o espaço físico escolar. Ele também passou a ser alvo de depredação. A escola tornou-se símbolo de opressão. No filme, ela pode ser entendida como uma metáfora da vida sob a dominação do regime do *apartheid*. Ela retrata e reproduz o que acontece em todos os espaços da vida social do povo negro sul-africano.

A opressão do povo sul-africano no contexto do *apartheid* não é retratada apenas nos percursos e conflitos vividos pelas personagens no interior da escola. A imagem, o ritmo, as cores, a paisagem ao redor expressam um mundo marcado pela violência. Os viadutos, as cercas e as celas das prisões contrastam com as belas casas e as ruas limpas e largas dos bairros onde reside a minoria branca e rica. Porém as ruas pobres de *Soweto* transformam-se ao serem invadidas pelos jovens negros e negras que, nos momentos de fantasia e imaginação, fazem das sucatas palco, carros e câmeras filmadoras. O espaço é ressignificado pela ação dos(as) jovens por meio da corporeidade e da música. As danças e os cantos entoados misturam ritmos modernos e tradicionais. A corporeidade e a musicalidade também estão presentes nas passeatas de protesto que os(as) jovens realizam. A cultura é transformada em mais um dentre os múltiplos sons da liberdade.

Nesse processo, não somente Nelson Mandela constitui a figura humana inspiradora dos aprendizados de *Sarafina*, as mulheres são as personagens fortes de todo o filme. A professora Mary Masembuko e a mãe da garota são exemplos de mulheres que lutam e que resistem. Uma resistência pacífica, mas de grande força. Uma resistência que lembra as estratégias de *Oxum*, o orixá da fertilidade, a mãe das águas doces, uma das mulheres guerreiras na tradição religiosa africana e afro-brasileira.

A primeira mulher, a professora Mary Masembuko, consegue ouvir, compreender e dar espaço para que os(as) jovens falem das suas revoltas e das dores causadas pela opressão vivida. Ela realiza tal tarefa desenvolvendo atividades pedagógicas coletivas cuja principal característica é a música: o som da liberdade. Esta professora aceita o desafio de organizar juntamente com os alunos um *show* para Mandela, uma atitude que naquele contexto só poderia resultar em represália, prisão e morte.

A segunda mulher, a mãe de *Sarafina*, uma viúva sofrida, cuja atitude pacífica era vista pela filha, inicialmente, como motivo de vergonha. Essa visão sofre mudanças no decorrer do filme. Após o sofrimento, a tortura e no silêncio do cárcere, só interrompido pelos gritos dos amigos torturados, emerge uma *Sarafina* jovem-mulher que reconhece a luta silenciosa da mãe para manter os filhos vivos. É ela mesma que diz: "Você é forte, mãe. Você sobrevive. Trabalha por todos nós. Ninguém faz músicas sobre você. Ninguém diz que você é uma heroína, mas você é. Uma heroína. [...] Você me faz ficar forte, sempre faz".

A força dessa mulher viúva está no seu trabalho cotidiano para manter os filhos vivos, conforme ela mesma diz, de maneira muito dura para a filha em um momento de tensão entre ambas: "Seu pai foi ser herói e eu fiquei trabalhando.Tenho quatro filhos e nenhum marido. Meus filhos não comem glória". São palavras duras de uma mulher que se submetia todo o dia ao trabalho doméstico numa casa de brancos de classe alta. No seu dia a dia, ela cuidava das crianças que não eram os seus filhos, lavava banheiros, fazia a comida, deixava a casa em ordem enquanto, na realidade, ela mesma não tinha a sua própria casa e não podia ficar perto dos seus filhos. Tudo isso para manter-se viva e conseguir criar suas crianças cuja sobrevivência dependia do seu trabalho como doméstica. Só assim ela conseguia sustentá-los. Ao ver o filme, é impossível não nos questionarmos: será que essa realidade é tão diferente daquela vivida pelas mulheres negras brasileiras que trabalham como empregadas domésticas e cujos filhos recebemos na escola pública? O que tem alimentado essa situação durante tantos anos? O que temos feito para mudá-la?

A figura da mãe ocupa um lugar central na cultura africana. Em várias etnias, a mulher alcança uma posição de respeito quando tem um(a) filho(a). Ela se torna uma *mama*. O ciclo de maturidade está completo. As mulheres africanas são figuras humanas fortes, pois carregam o fardo de manter os elos que asseguram a continuidade e a união da família. *Sarafina* compreende tudo isso no seu processo de amadurecimento. Essa compreensão resulta no retorno à mãe, na busca do diálogo e na reconstrução do elo familiar.

O filme *Sarafina – o som da liberdade* não deve ser tomado como um "modelo", uma versão *hollywoodiana* do que "deve ser" e do "como fazer" para resolução de problemas escolares e familiares das crianças, adolescentes, jovens e adultos negros, de classes populares da nossa escola. Não se trata de transpor uma realidade racial muito diferente da nossa para as plagas brasileiras. Tomar esse e outros filmes que falam sobre a escola e seus múltiplos significados assumidos em diferentes contextos culturais como "verdade" ou como lição a ser aprendida nos pode levar a um caminho deseducativo. Trata-se de compreender que qualquer obra de ficção, por mais ideológica que seja (e qual obra não o é?), não é criada no vazio. É construída numa sociedade e representa um olhar, um recorte, uma maneira de ver essa mesma sociedade, os sujeitos e as relações que nela se desenvolvem.

Esse olhar e esse recorte podem ser analisados, confrontados, relativizados e problematizados e não simplesmente tomados como verdade. Essa pode ser uma tarefa interessante da escola quando esta decide "ir ao cinema". Porém, para além disso, é preciso dar lugar à fruição e à imaginação, dialogar com a ficção, deixar que ela fale e entender que, quer queiramos ou não, o contato com a arte produz significados e estes estão relacionados com o universo social e cultural no qual estamos inseridos. Essa é a tarefa mais difícil para os professores e professoras quando trabalham filmes que trazem uma temática social tão complexa como o racismo, pois temos uma tendência de "didatizar" , "pedagogizar" e "ideologizar" tudo o que levamos para a sala de aula como alternativa ou nova estratégia pedagógica.

Voltando à trama, pode-se pensar que, no final, o filme apresenta uma solução fácil para o conflito engendrado, como é comum nas produções de *Hollywood*, uma vez que a dura lição aprendida por *Sarafina* termina com a realização de um *show* para Mandela, uma proposta coletiva da sua turma junto com a professora Mary Masembuko.

De fato, temos a sensação de que há uma passagem abrupta do clima denso e introspectivo vivido pelos personagens para uma cena musicada, embora o filme todo seja entrecortado por músicas e danças africanas. Porém é preciso estar atento à letra da música: "Prepare-se mãe África para a liberdade. A liberdade está chegando!" Nesse sentido, destaco que, para além das intenções ideológicas de *Hollywood*, o final do filme pode ser lido como a retomada do som da liberdade por aqueles(as) jovens negros(as) que os processos de tortura e opressão do *apartheid* tentaram calar. Retomar o *show* e exaltar Mandela, no contexto da trama, pode ser lido como a força da juventude negra e de todo o povo sul-africano que, na vida real, juntamente com o apoio e solidariedade internacional, conseguiram derrubar o *apartheid* e realmente libertaram Mandela.

Mas engana-se quem pensar que o *show* é feito no espaço da escola. Ele é realizado ao ar livre, nas ruas pobres de *Soweto*. E a escola? Onde está? Está depredada, destruída. É no meio desses destroços que Sarafina, ao sair da prisão, encontra um de seus amigos e, juntos, decidem retomar o sentido da vida. Apesar de destruída, a escola ainda se coloca como um tempo/espaço forte em que é possível refletir sobre o sentido da liberdade. Os tempos e espaços da escola envolvem momentos de tensão, interação e de encontro entre sujeitos e gerações.

A realidade vivida pelo povo africano, sobretudo da África do Sul, é de tal complexidade e contundência que, a meu ver, não consegue ser diluída nem mesmo pelas intenções ideológicas *hollywoodianas*. Sugiro que o filme *Sarafina* não seja visto somente com esses filtros ideológicos. Essa é a leitura mais fácil.

É fato que uma leitura crítica é sempre importante quando discutimos temas sociais. Dentre eles, é importante ponderar que, hoje, apesar da extinção do *apartheid*, a sociedade sul-africana ainda não vive em plena democracia. Muitos anos ainda serão necessários e muita reorganização política, econômica e educacional ainda terá que ser realizada para que as marcas do racismo aprendido e introjetado no imaginário de negros e brancos durante o *apartheid* sejam modificadas. Até que negros e brancos vejam um ao outro e a si mesmos como portadores do mesmo estatuto de humanidade, muitos sons em prol da liberdade ainda terão que ecoar e se transformar em falas, gestos, leis e práticas reais não só na África do Sul, mas também aqui no Brasil.

Por isso deixemos que os jovens do filme cantem e, por meio das suas canções, falem-nos dos seus sonhos e dos seus ideais. Quem sabe, assim, aprenderemos a escutar o que a juventude negra e pobre brasileira tem dito e cantado nos seus movimentos, grupos culturais e musicais. Poderemos reavivar em nós, professoras e professores, as nossas utopias esquecidas ouvindo os múltiplos sons da liberdade.

Atividades para a sala de aula

a) Pesquisa e debate sobre o o regime do *apartheid* e suas consequências no continente africano e na diáspora.

b) Pesquisa e debate sobre a situação da juventude negra na África do Sul, nos Estados Unidos e no Brasil nos dias atuais.

c) Fazer um levantamento nos principais jornais a respeito da violência policial e relacioná-la com cenas do filme.

d) Por meio de fotografias de jornais e revistas, montar um mural relacionando as condições de vida da população negra das grandes cidades com cenas do filme.

e) Produção de texto sobre os principais personagens do filme, criando histórias paralelas do cotidiano.

f) Apontar aspectos históricos e culturais apresentados pelo filme.

Referências Bibliográficas

DIRIE, Warris, MILLER, Cathleen. *Flor do Deserto*. São Paulo: Hedra, 2001.

FABRIS, Elí Terezinha. *Representações de espaço e tempo no olhar de Hollywood sobre a escola*. Porto Alegre: Faculdade de Educação da UFRGS, 1999. (Dissertação de Mestrado).

TEIXEIRA, Inês Assunção de Castro. *Tempos enredados*: teias da condição professor. (no prelo).

FICHAS TÉCNICAS E SINOPSES

MACUNAÍMA

Ficha Técnica

Título original: Macunaíma
Gênero: Comédia
Ano: 1969
Direção: Joaquim Pedro de Andrade
Roteiro: Joaquim Pedro de Andrade
Elenco: Grande Otelo, Paulo José, Jardel Filho, Milton Gonçalves, Dina Sfat, Rodolfo Arena, Joana Fomm, Maria do Rosário, Rafael de Carvalho, Wilza Carla, entre outros.
Duração: 108 minutos

Sinopse

Este é um filme baseado na obra de Mário de Andrade: *"Macunaíma, o herói sem caráter"*, publicada no Brasil em 1928.
Em 1969, nos idos da ditadura militar, o diretor Joaquim Pedro de Andrade retoma as histórias fantásticas de Mário de Andrade e se põe a trabalhar na vida de Macunaíma para o cinema, percorrendo um caminho da aldeia às grandes metrópoles e das metrópoles à aldeia, com uma crítica bem contundente ao cenário político brasileiro do final da década de 1960, contudo cômico para escapar às rígidas regras da censura impostas pelo Governo Militar. Macunaíma é um índio de múltipla etnia. Nasce negro, é originário da tribo *Tapanhumas*, vive na aldeia quando criança. Depois que cresce, fica branco e percorre algumas cidades importantes como o Rio de Janeiro e São Paulo. Sua convivência é intensa com as personagens da mitologia brasileira, além de não disfarçar o individualismo intrínseco à sua pessoa, seja negro ou branco.

XICA DA SILVA e CHICO REI

Fichas Técnicas

Título original: Xica da Silva
Gênero: Comédia
Ano: 1976

Direção: Cacá Diegues
Roteiro: Cacá Diegues e João Felício dos Santos
Elenco: Zezé Motta, Walmor Chagas, Elke Maravilha, Altair Lima, Stepan Nercessian, José Wilker
Duração: 117 minutos

Título original: Chico Rei
Gênero: Drama
Ano: 1982
Direção: Walter Lima Júnior
Roteiro: Walter Lima Júnior
Elenco: Severo D'Acelino, Maria Fernanda, Antônio Pitanga, Cláudio Marzo, Carlos Kroeber, Cosme dos Santos, Othon Bastos, Maurício do Vale, Rainer Rudolf
Duração: 115 minutos

Sinopses

Xica da Silva
A Coroa portuguesa envia um contratador para desvendar as artimanhas da elite colonial mineira, que busca por todas as vias livrar-se da dependência e da cobrança de impostos sobre o ouro e os diamantes descobertos em profusão. Mas este homem que chega a Minas Gerais descobrirá muito mais com Xica da Silva, a escravizada que escandaliza a sociedade da época, desafiando suas regras morais e ascendendo a lugares até então impensados para uma negra, tornando-se a "Imperatriz do Tijuco Preto".

Chico Rei
Galanga é um rei africano capturado e posto em cativeiro. Após a viagem cruzando o Atlântico, chega aos garimpos brasileiros do século XVIII, onde, rebatizado, iniciará a luta por liberdade junto com seus companheiros. Descobrindo ouro, comprando sua alforria e se organizando com quilombolas e membros de confrarias religiosas, chega a ser proprietário da Mina da Encardideira, em meio aos movimentos nativistas da famosa "Inconfidência Mineira".

QUILOMBO

Ficha Técnica

Título original: Quilombo
Gênero: Aventura
Ano: 1984
Direção: Cacá Diegues
Roteiro: Cacá Diegues
Elenco: Zezé Motta, João Nogueira, Grande Otelo, Antônio Pitanga, Antônio Pompeo, Tony Tornado
Duração: 119 minutos

Sinopse

A data de surgimento do quilombo de Palmares não é possível precisar. Sabe-se que, por volta de 1650, um grupo de escravizados se rebela num engenho de Pernambuco e vai para Palmares, a terra de homens e mulheres livres. Dentre os escravizados que realizam a rebelião, estão Ganga Zumba (príncipe africano) e Dandara, que se tornam líderes em Palmares por muitos anos, onde uma nação de ex-escravizados já estava refugiada para resistir ao cerco colonial. Ganga Zumba terá suas ideias conciliatórias e as tentativas de negociação com o rei de Portugal contestadas por seu afilhado e sucessor, Zumbi. Este prefere enfrentar o maior exército jamais visto na história colonial brasileira, que voltar a ser escravo, porque "só fica escravo quem tem medo de morrer".

NA ROTA DOS ORIXÁS

Ficha Técnica

Título original: Atlântico Negro – Na Rota dos Orixás
Gênero: Documentário
Ano: 1998
Direção: Renato Barbieri
Roteiro: Renato Barbieri e Victor Leonardi
Duração: 54 minutos

Sinopse

Viagem no espaço e no tempo em busca das origens africanas da cultura brasileira. Historiadores, antropólogos e sacerdotes africanos e brasileiros relatam fatos históricos e dados surpreendentes sobre as inúmeras afinidades culturais que unem os dois lados do Atlântico. Visão atual do Benin, berço da cultura iorubá. Filmado no Benim, no Maranhão e na Bahia.

ORFEU

Ficha Técnica

Título original: Orfeu
Gênero: Drama
Ano: 1999
Direção: Cacá Diegues
Roteiro: João Emanuel Carneiro, Cacá Diegues, Paulo Lins, Hamílton Vaz Pereira e Hermano Vianna, baseado em peça de Vinicius de Moraes.
Elenco: Toni Garrido, Patrícia França, Murilo Benício, Zezé Motta, Milton Gonçalves, Isabel Fillardis, Maria Ceiça, Stepan Nercessian, Maurício Gonçalves, Lucio Andrei, Mari Sheila, Eliezer Mota, Sergio Loroza, Silvio Guindane, Castrinho, Maria Ribeiro, Gustavo Gasparini, Paula Assunção, Alexandre Handerson, Andréa Marques, Nélson Sargento, Maria Luiza Jobim, Cássio Gabus Mendes, Ivan Albuquerque, Léa Garcia, Escola de Samba Unidos do Viradouro
Duração: 111 minutos

Sinopse

> A felicidade do pobre parece
> A grande ilusão do carnaval
> A gente trabalha o ano inteiro
> Por um momento de sonho
> Pra fazer a fantasia
> De rei ou de pirata ou jardineira
> Pra tudo se acabar na quarta-feira.
> (*A Felicidade*, de Vinicius de Moraes e Tom Jobim)

O filme *Orfeu* é baseado na peça *Orfeu da Conceição*, de Vinicius de Moraes (1960), embora a versão de Carlos Diegues não seja apenas uma transposição em linguagem cinematográfica da peça teatral. Mantém, no entanto, com a peça e com o filme *Orfeu de Carnaval*, de Marcel Camus (1958), um interessante diálogo que pode ser de grande interesse na discussão da temática do negro na cinematografia nacional e estrangeira, a ser utilizado como recurso pedagógico nas escolas.

O drama se passa numa favela carioca e Orfeu é um compositor renomado e Eurídice é uma moça recém-chegada do interior em busca de uma tia, sua única parenta após a morte do pai num garimpo do Acre. Durante o carnaval, o casal se apaixona e, como na mitologia grega, a tragédia se desenrola durante os preparativos do desfile da Escola de Samba Unidos da Carioca, tendo como personagens traficantes de drogas, policiais corruptos, antigas namoradas de Orfeu e membros da comunidade.

CRUZ E SOUSA - O POETA DO DESTERRO

Ficha Técnica
Filme: Cruz e Sousa – o poeta do Desterro
Gênero: Drama
Ano: 2000
Direção: Sylvio Back
Roteiro: Sylvio Back
Elenco: Kadu Carneiro, Maria Ceiça, Léa Garcia, Danielle Ornelas, Guilherme Weber, Jaqueline Valdívia, Carol Xavier
Duração: 86 minutos

Sinopse
Reinvenção da vida, obra e morte do poeta catarinense João da Cruz e Sousa (1861-1898), interpretado por Kadu Carneiro, cuja importância para a literatura brasileira foi imensa, fundador do Simbolismo no Brasil e considerado o maior poeta negro de língua portuguesa. Sua vida foi uma novela e de final nada feliz. Negro, catarinense, pobre, foi vítima de racismo do seu tempo. Morreu jovem, aos 37 anos, e arrastou o grande amor de sua vida, Gavita (Maria Ceiça), numa trajetória de sofrimentos.

A NEGAÇÃO DO BRASIL

Ficha Técnica

Título original: A Negação do Brasil
Gênero: Documentário
Ano: 2000
Direção: Joel Zito Araújo
Roteiro: Joel Zito Araújo
Duração: 92 minutos

Sinopse

Tese de Doutorado do diretor Joel Zito Araújo, o filme-documentário de longa-metragem retrata os preconceitos, tabus e a trajetória de personagens negros nas telenovelas brasileiras. O filme-documentário assinala a força e as influências que as telenovelas exercem nos processos de identidade étnica dos brasileiros. Selecionado para inúmeros Festivais e Mostras Internacionais, faz um manifesto pela incorporação positiva dos afrodescendentes nas imagens televisivas do país.

O *RAP* DO PEQUENO PRÍNCIPE CONTRA AS ALMAS SEBOSAS

Ficha Técnica

Título original: O Rap do Pequeno Príncipe contra as Almas Sebosas
Gênero: Documentário
Ano: 2000
Direção: Paulo Caldas e Marcelo Luna
Roteiro: Paulo Caldas, Marcelo Luna e Fred Jordão
Duração: 75 minutos

Sinopse

Dois jovens, Garnizé e Helinho, são as principais vozes deste documentário. Helinho, conhecido como "Pequeno Príncipe", está preso acusado de matar dezenas de bandidos, as almas sebosas que incomodam os moradores.

Garnizé, *rapper*, músico, integrante da Banda de Rap Faces do Subúrbio. Moradores de Camaragibe, periferia do Recife, os dois falam e vivem a mesma situação de violência e, por meio de suas ações, procuram interferir e modificar a situação de existência do local. Na trama o hip hop ganha centralidade, apontado como um dos caminhos para a juventude negra pobre.

DOMÉSTICAS - O FILME

Ficha Técnica

Título original: Domésticas - O Filme
Gênero: Drama
Ano: 2001
Direção: Fernando Meirelles e Nando Olival
Roteiro: Cecília Homem de Mello, Fernando Meirelles, Nando Olival e Renata Melo
Elenco: Cláudia Missura, Graziella Moretto, Lena Roque, Olívia Araújo, Renata Melo, Robson Nunes, Tiago Moraes, Gero Camilo, Charles Paraventi, Fábio Nepô, Milhem Cortaz
Duração: 90 minutos

Sinopse

Cléo nasceu doméstica. Roxane *está* doméstica. Quitéria apenas se deixa estar no mundo. Cida quer um companheiro perfeito e consegue. Rai quer um marido. Já a Zefa não sofre de ambição. Essas são algumas das mulheres retratadas no longa-metragem *Domésticas - O Filme*, que trata de um universo pouco explorado pelo cinema e pelas artes em geral: o dos trabalhadores domésticos.

Renata Melo, autora da peça teatral que originou o filme, entrevistou durante dois anos trabalhadoras domésticas de São Paulo para construir os personagens que costuram o fio de histórias de domésticas, porteiros, auxiliares de serviços gerais e *motoboys*, profissionais que, na maioria dos filmes e novelas, apenas aparecem como figuração.

O filme mostra o universo plural e peculiar dessas trabalhadoras, traçando um amplo e poético painel do dia a dia das mulheres que ganham a vida limpando e cuidando dos lares alheios. Sonhos, expectativas para o futuro, relacionamentos familiares e amores são retratados com carinho e fina ironia, sem deixar de lado um humor contundente.

CONRACK

Ficha Técnica
Título original: Conrack
Gênero: Drama
Ano/País: 1974/EUA
Direção: Martin Ritt
Roteiro: Irvin Ravetch e Harriet Frank Jr., baseado em livro de Pat Conroy
Elenco: Paul Winfield, Madge Sinclair, Tina Andrews, Antonio Fargas, Ruth Attaway, Gracia Lee, Jane Moreland, Nancy Butler, Robert W. Page, Hume Cronyn, Mac Arthur Nelson, James O'Rear
Duração: 107 minutos

Sinopse
Professor branco, no final da década de 1960, vai substituir uma professora que estava de licença de saúde, em escola elementar de colônia agrícola de uma ilha habitada por africanos, na Carolina do Sul. Enfrenta problemas com o inspetor da escola, um homem branco, representante legitimado dos latifundiários, donos da terra. O inspetor fica descontente com a ideologia e metodologia pedagógica do professor cuja prática docente passa a despertar nos alunos negros e na comunidade, valores de autoestima, participação e outras vivências comportamentais que desafiam e ameaçam a submissão a que vinham sendo acometidos pelo poder branco. O professor é afastado do

cargo, embora a comunidade negra local, por meio de suas lideranças, já consiga organizar-se em favor de seus interesses. Antes de deixar a colônia, o professor veicula mensagens, publicamente, contra a discriminação racial.

A COR PÚRPURA

Ficha Técnica

Título original: The Color Purple
Gênero: Drama
Ano/País: 1985/EUA
Direção: Steven Spielberg
Roteiro: Menno Meyjes, baseado em livro de Alice Walker
Elenco: Danny Glover, Whoopi Goldberg, Margaret Avery, Oprah Winfrey, Willard E. Pugh, Akosua Busia, Desreta Jackson, Adolph Caesar, Rae Dawn Chong, Dana Ivey, Leonard Jackson, Bennet Guillory, John Patton Jr., Carl Anderson, Susan Beaubian, James Tillis, Phillip Strong, Laurence Fishburne
Duração: 156 minutos

Sinopse

Georgia, 1909. Em uma pequena cidade, Celie (Whoopi Goldberg), uma jovem de apenas 14 anos, é violentada pelo pai e se torna mãe de duas crianças. Além de perder a capacidade de procriar, Celie imediatamente é separada dos filhos. Ao ser doada a Albert (Danny Glover) – viúvo, ele precisa de alguém para cuidar da casa e de seus filhos –, ela também é separada da única pessoa no mundo que a ama, sua irmã Nettie (Akosua Busia). O amor pela irmã é o único que Celie já sentiu na vida e viver longe dela é como uma mutilação. Albert é apaixonado há anos por Shug Avery (Margaret Avery), uma cantora de Cabaret, e sempre que ela está na cidade, ele corre para vê-la. Ela fica doente e Albert leva a cantora para sua casa, onde ela criará uma grande amizade por Celie. Celie passa anos esperando por uma carta de sua irmã que nunca vem. E Albert não a deixa sequer chegar perto da caixa do correio.

UM GRITO DE LIBERDADE

Ficha Técnica
Título original: Cry Freedom
Gênero: Drama
Ano/País: 1987/Inglaterra
Direção: Richard Attemborough
Roteiro: John Briley
Elenco: Denzel Wasshington, Kevin Kline, Penélope Wilton
Duração: 157 minutos

Sinopse

Um grito de liberdade narra a história do encontro do jornalista sul-africano Donald Woods e o ativista negro Steve Biko. Inicialmente Donald Woods, um jornalista liberal e editor do jornal *Daily Dispatch*, julgava as ideias libertárias de Steve Biko como segregadoras e promotoras do ódio racial. Woods, depois de conhecer Biko, ficou sensibilizado pela causa negra e lutou contra o *apartaheid* junto com o amigo até quando Steve Biko foi assassinado pela polícia; o próprio Woods e sua família foram perseguidos, até conseguirem fugir da África do Sul.

FAÇA A COISA CERTA

Ficha Técnica
Título original: Do the Right Thing
Gênero: Drama
Ano/País: 1989/EUA
Direção: Spike Lee
Roteiro: Spike Lee
Duração: 120 minutos

Sinopse

Um ativista exige que o dono de uma pizzaria de um bairro de predominância negra troque as fotos de seus ídolos brancos por fotos de astros de cor. Ao ter seu pedido negado, ele passa a organizar um boicote contra a pizzaria. Dirigido por Spike Lee (Malcolm X) e com Danny Aiello e John Turturro no elenco. Recebeu duas indicações ao Oscar.

MALCOLM X

Ficha Técnica

Título original: Malcolm X
Gênero: Drama
Ano/País: 1992/EUA
Direção: Spike Lee
Roteiro: Arnold Perl e Spike Lee, baseado em livro de Malcolm X e Alex Haley
Elenco: Denzel Washington, Angela Bassett, Albert Hall, Al Freeman Jr., Delroy Lindo, Spike Lee e Theresa Randle
Duração: 192 minutos

Sinopse

Biografia do famoso líder afro-americano (Denzel Washington) que teve o pai, um pastor, assassinado pela Klu Klux Klan e sua mãe internada por insanidade. Ele foi um malandro de rua e enquanto esteve preso descobriu o islamismo. Malcolm faz sua conversão religiosa como um discípulo messiânico de Elijah Mohammed (Al Freeman Jr.). Ele se torna um fervoroso orador do movimento e se casa com Betty Shabazz (Angela Bassett). Malcolm X ora uma doutrina de ódio contra o homem branco até que, anos mais tarde, quando fez uma peregrinação à Meca abranda suas convicções. Foi nesta época que se converteu ao original islamismo e se tornou um "Sunni Muslim", mudando o nome para El-Hajj Malik Al-Shabazz, mas o esforço de quebrar o rígido dogma da Nação Islã teve trágicos resultados.

SARAFINA

Ficha Técnica

Título: Sarafina – o som da liberdade
Título original em inglês: Sarafina
Gênero: Drama
Ano/País: 1993/EUA

Direção: Darrel James Roodt
Roteiro: William Nicholson
Elenco: Whoopi Goldberg, Leleti Khumalo, Miriam Makeba, John Kani, Mbongeni Ngema
Duração: 96 minutos

Sinopse

Em pleno *Apartheid*, numa escola de Soweto, em que o exército patrulha de armas e as crianças gritam "Libertem Mandela", uma professora ensina História de uma forma censurável fugindo ao currículo aprovado pelo regime. Sarafina é uma aluna negra que relata a história sobre a forma de uma carta dirigida a Nelson Mandela e que, como tantos outros adolescentes, sente-se revoltada em face das injustiças do sistema. Um sistema que as incentiva a estudarem para terem uma hipótese de vida, mas que nunca lhes explica declaradamente que nunca terão uma hipótese de igualdade social.

N. E. – Alguns sites consultados:
http://adorocinema.cidadeinternet.com.br/
http://www.adorocinemabrasileiro.com.br/

UM POUCO MAIS SOBRE AS ESTRELAS DO LIVRO

ALLAN SANTOS DA ROSA: artista-educador, bacharel e licenciado em História pela Universidade de São Paulo e integrante do grupo de Capoeira Angola Irmãos Guerreiros, Taboão da Serra/SP. Coautor em *O rastilho da pólvora* (antologia poética da Cooperifa, 2005) e em *Literatura Marginal* (Editora AGIR, 2005). Autor de "Vão"(Edições Toró, 2005) e coprodutor dos rádio-documentários *Solano Trindade – a Poesia de uma vida simples* e *Negra Movimenta – necessidade e fertilidade* (Prêmio Fundação Palmares de comunicação).
e-mail: santosdarosa@ig.com.br

ANA LÚCIA SILVA SOUZA: socióloga, é doutoranda em Linguística Aplicada pela Universidade de Campinas/IEL. Professora universitária na área de Sociologia da Educação é também assessora de projetos, coordenando o Concurso Negro e Educação, na Ação Educativa, organização não governamental que atua em assessoria, pesquisa e informação visando à defesa de direitos educacionais e da juventude. Entre outros trabalhos, publicou "Negritude, Letramento e Uso Social da Oralidade" (In: *Racismo e Antirracismo na Educação: repensando nossa escola*. Eliane Cavalleiro (org.). São Paulo: Summus, 2001) e "Os sentidos da prática de lazer da juventude negra". (In: *Racismo no Brasil: percepções da discriminação e do preconceito no século XXI*. SANTOS, G, SILVA, M.P. (org.) São Paulo: Editora Fundação Perseu Abramo, 2005). É coautora do livro *De olho na Cultura: um ponto de vista afro-brasileiro*, editado pelo Centro de Estudos Afro-Orientais (CEAO/UFBA) e a Fundação Cultural Palmares, órgão do Ministério da Cultura (no prelo).
e-mail: analusilvasouza@uol.com.br

ANDRÉIA LISBOA DE SOUSA: nasceu em São Paulo/SP. É Graduada em Letras pela Pontifícia Universidade Católica de São Paulo. Fellow do Fundo Ryoichi Sasakawa, Mestre em Educação pela Faculdade de Educação da USP e pesquisadora do Centro de Estudos do Imaginário, Culturanálise de Grupos e Educação – CICE/FEUSP, tendo realizado

cursos, oficinas e palestras sobre as personagens negras na Literatura Infantil e Juvenil. É ativista do Movimento Negro. Atualmente é doutoranda pela Faculdade de Educação da USP - realizando pesquisa sobre a cultura afro-brasileira em materiais didático-pedagógicos, e Sub-Coordenadora de Políticas Educacionais da Coordenação Geral de Diversidade e Inclusão Educacional/SECAD/MEC.
e-mail: souzaliz@yahoo.com.br

CELESTE LIBANIA: nasceu em Gandu, cidade do interior da Bahia em 1969, filha de Nzazi e Dandalunda Kissimbi. Desde 1999 é Makota na Fundação Cultural Ogum Lode e Oxum Apara em Santa Luzia-MG. Graduada em Letras pela UFMG é também sócia-proprietária da Sobá Livros e Cd's – livraria itinerante especializada em livros étnico-raciais e Cd's alternativos.
e-mail: celestesol@uol.com.br

CLÁUDIA RANGEL: graduada em Comunicação Social/Jornalismo pela Universidade Federal do Espírito Santo (UFES), em 1999. Especializada em Comunicação, Tecnologia e Gestão da Informação pela Faculdade Cândido Mendes de Vitória, em 2001. Atuou como Repórter Fotográfico em jornais diários de 1984 a 1990 e atua como Técnica em Audiovisual na UFES desde 1994, apoiando atividades didáticas realizadas no Laboratório de Vídeo do Curso de Comunicação Social. Coordena o Projeto de Extensão Circuito Comunitário do Cinema BR em Movimento, que atua na democratização do acesso à produção cinematográfica nacional, levando produções nacionais recentes e de qualidade às comunidades sem acesso à cultura. Ministra oficinas de Linguagem Audiovisual para alunos e professores de 5ª a 8ª séries do Ensino Público Fundamental na área de atuação do *Projeto Ecocidadania* executado pela Fundação Pró-Tamar no Espírito Santo.
e-mail: claurangel@hotmail.com

DENISE BOTELHO: é natural de São Paulo, nasceu em 1965, filha de mãe mineira e pai carioca, e de Ogum e de Iansã. Pedagoga, fez seu mestrado em Integração da América Latina, no Programa de Integração da América Latina da Universidade de São Paulo (Prolam/USP), tendo apresentado a dissertação: *Aya nini (Coragem). Educadores e Educadoras no enfrentamento de práticas racistas em espaços escolares. São Paulo e Havana* (2000). O doutorado foi desenvolvido na Faculdade de Educação da Universidade de São Paulo (2005), apresentando a tese *Educação e Orixás: Processos Educativos no Ilê Axé Iya Mi Agba*. Consultora para a Área de Diversidade no Programa Diversidade na Universidade pelo Ministério da Educação/UNESCO.
e-mail: mulhernegra@gmail.com

EDILEUZA PENHA DE SOUZA: nasceu na terra de Rubem Braga, no Espírito Santo, historiadora e professora, é militante do Movimento de Mulheres Negras e da luta contra o racismo com uma vasta produção nessa área. Atualmente é Consultora da UNESCO na Secretaria de Educação Continuada, Alfabetização e Diversidade (SECAD/MEC).
e-mail: souzaedileuza@uol.com.br

FERNANDA FELISBERTO: Doutoranda em Antropologia na PUC – São Paulo; Mestre em Estudos Africanos pelo – EL COLÉGIO DE MÉXICO – Centro de Estudios de Ásia y África; escritora é professora da Pós-Graduação de História da África e do Negro no Brasil, do CEAA (Centro de Estudos Afro-Asiáticos) da UCAM, RJ.
e-mail: fefelisb@yahoo.com.br

IVANILDE GUEDES DE MATTOS: nascida em São Paulo, em um bairro da zona leste de nome Cangaíba, é filha de migrantes nordestinos da Paraíba. Desde a infância, já sentia uma forte inclinação para os esportes e todas as formas de expressão que o corpo possibilita. Mudou-se para a Bahia, em 1994. Na Universidade Católica de Salvador, terminou o curso de Educação Física, iniciado em São Paulo. Em 2003, concluiu o curso de especialização em Metodologia do Ensino da Educação Física, realizado na UNEB, defendendo monografia relacionada à importância da ludicidade e da recreação nas séries iniciais do Ensino Fundamental. No ano seguinte, iniciou o mestrado em Educação nessa mesma instituição, desenvolvendo projeto de pesquisa sobre a estética corporal do(a) adolescente negro(a), dando destaque ao papel da mídia e do ensino escolar de Educação Física.
e-mail: ivymattos@hotmail.com

LUCIANO SANTANA: graduado em Filosofia e História, Membro do Núcleo de Relações Étnico-Raciais e de Gênero, da Prefeitura Municipal de Contagem - MG. É especialista em Educação Afetivo-Sexual. Professor da Rede Municipal de Educação de Contagem e integrante do Grupo de Educadores Negros da Fundação Centro de Referência da Cultura Negra.
e-mail: lucianosantana59@yahoo.com.br

MARIA HELENA VARGAS DA SILVEIRA: pedagoga, especialista em Educação, natural de Pelotas-RS, formada pela Universidade Federal do Rio Grande do Sul. Escritora que vem se dedicando ao universo da população negra brasileira em seus livros já publicados, incluindo ensaios, contos, crônicas, sátiras, novela social, pesquisa e poesias. Autora dos livros *É Fogo*, *O Sol de Fevereiro*, *Três Momentos de Poesia*, *Odara – Fantasia e Realidade*, *Negrada*, *Tipuana*, *O Encontro*, *As Filhas das Lavadeiras*, este traduzido para o francês. Ativista do Movimento Negro, pertence ao Grupo Multiétnico de Empreendedores Sociais, do Distrito

Federal, que desenvolve ações educativas e socioculturais direcionadas para a população negra jovem, na comunidade do Varjão. Atualmente trabalha na Secretaria de Educação Continuada, Alfabetização e Diversidade, no componente de *Projetos Inovadores de Curso do Programa Diversidade na Universidade*.
e-mail: mariavargas@mec.gov.br

MARIA MADALENA TORRES: professora da Secretaria de Estado de Educação do Distrito Federal e graduada em Filosofia pela Universidade Católica – UCB. Especialista em Formação de Professores pela Faculdade de Educação /UnB e Mestre em Tecnologias na Educação, também pela Universidade de Brasília. Nascida em Divinópolis de Goiás, veio para Brasília aos 8 anos de idade. Dedica-se à Educação Popular desde 1986, com atuação no Centro de Educação Paulo Freire de Ceilândia (CEPAFRE). Neste centro realiza aos domingos, na comunidade de Ceilândia - DF, junto com uma equipe de mais quatro educadores, um projeto de cinema cuja referência é: *Cinepopular – conhecimento e audiovisual*. Esse projeto é desenvolvido em parceria com o Decanato de Extensão da UnB. Na Missão Gerencial de Educação da ABC/ALFASOL foi como representante da SECAD/MEC a São Tomé e Príncipe, na África, para apoiar a implementação e estruturação da oferta de Educação de Jovens e Adultos naquele país. Atualmente, integra a Equipe da Coordenação Geral Pedagógica do Departamento de Educação de Jovens e Adultos – SECAD/MEC. Suas paixões são educação popular, música, dança e cinema.
e-mail: mariatorres@mec.gov.br

NILMA LINO GOMES: professora da Faculdade de Educação da UFMG e doutora em Antropologia Social/USP. Coordenadora do *Programa Ações Afirmativas* na UFMG e presidente da Associação Brasileira de Pesquisadores Negros (ABPN) na gestão 2004/2006. A autora tem publicado vários livros e artigos sobre a temática racial, entre os quais se destaca: *A mulher negra que vi de perto* (Belo Horizonte: Mazza Edições, 1995).
e-mail: nilmagomes@uol.com.br

NOEL DOS SANTOS CARVALHO: é bacharel em ciências sociais pela universidade de São Paulo (USP). Cursou Mestrado em Multimeios na Universidade de Campinas (UNICAMP) onde realizou pesquisa em cinema. Doutorou-se em sociologia na Universidade de São Paulo (USP) com tese sobre cinema e representação racial nos filmes brasileiros. Escreveu e publicou artigos sobre o negro no cinema brasileiro. Foi membro do grupo de cineastas negros Dogma Feijoada e dirigiu os documentários: Novos quilombos de Zumbi (2003) e O catedrático do samba (1998)."
e-mail: noelsantoscarvalho@yahoo.com.br

OSVALDO MARTINS DE OLIVEIRA: natural do Espírito Santo, graduou-se em Filosofia pela Pontifícia Universidade Católica de Minas Gerais, em 1992, e tornou-se mestre em Antropologia Social pela Universidade Federal Fluminense, em 1999. O autor é doutorando pelo Programa de Pós-Graduação em Antropologia Social da Universidade Federal de Santa Catarina, com a tese *O projeto político do território negro de Retiro e suas lutas pela titulação da terra*, defendida em 26/8/2005. Em relação às experiências etnográficas, a partir de 1997, o autor desenvolveu pesquisas em diversas comunidades negras do meio rural e produziu relatórios e artigos, alguns dos quais apresentados em eventos e reuniões científicas e outros publicados. A partir de 1999, lecionou Sociologia e Antropologia em diferentes cursos das faculdades da rede privada de ensino.
e-mail: omo@terra.com.br

PAULINO DE JESUS FRANCISCO CARDOSO: 39 anos, é natural de Florianópolis - SC, graduado em História pela Universidade Federal de Santa Catarina (1988), mestre (1993) e doutor em História (2004) pela Pontifícia Universidade Católica de São Paulo. Professor de História da África na Universidade do Estado de Santa Catarina, desenvolveu as seguintes pesquisas: a) *Escravidão e preconceito racial em Santa*

Catarina (1987-1988); b) *A luta contra a apathia – Um estudo sobre a instituição histórica do discurso anti-racista na cidade de São Paulo* (1990-1993); e c) *Negros em Desterro – As experiências das populações de origem africana em Florianópolis* (1860-1888). Atualmente coordena o Núcleo de Estudos Afro-Brasileiros da UDESC e membro da Comissão Assessora de Diversidade para Assuntos Relacionados aos Afrodescendentes do Ministério da Educação.
e-mail: paulinojfc@uol.com.br

ROMULO CABRAL DE SÁ – SAZITO: formado em Engenharia Civil pela Universidade Federal do Espírito Santo – UFES (1979) e especialista em Arteterapia pelo Instituto Saberes (2003). Começou trabalhando como cenógrafo nas mostras de teatro universitário no final da década de 1970. Nos anos 1980, participou como desenhista e pintor em salões universitários e exposições coletivas. Em 1980 foi premiado com "Medalha de Ouro" na categoria Desenho no Salão de Artes – Semana da Asa (Rio de Janeiro – RJ). Nos anos 1990, dedicou-se à ilustração de livros e revistas. A partir de 2000, inicia sua atividade de escultura em cerâmica e também sua experiência como arte-educador e arteterapeuta. É professor universitário de Arte-Educação e consultor externo do SEBRAE na área de artesanato.
e-mail: romulosa2k@hotmail.com

ROSANE PIRES: professora na Rede Municipal de Ensino de Belo Horizonte – Educação de Jovens e Adultos. Graduada em Letras e Mestre em Teoria da Literatura pela UFMG. Faz parte do Grupo de Educadoras Negras da Fundação Centro de Referência da Cultura Negra – FCRCN e, ainda, sócia da SOBÁ – Livraria Especializada em Livros Étnicos.
e-mail: rosane.pires@uol.com.br

WILSON ROBERTO DE MATTOS: paulistano da periferia da Zona Leste, é bisneto de uma baiana, filha de escravos que, muito jovem, logo após a Lei do Ventre Livre, migrou para o interior de São Paulo. Filho de mãe empregada doméstica e de pai metalúrgico, mudou-se para a Bahia, em 1994. Alabê de Iansã e filho de Ogum com Iemanjá, é iniciado no candomblé paulistano desde 1987. Historiador com tese de doutorado escrita sobre as resistências negras individuais, durante o período de declínio da escravidão em Salvador/BA; atualmente dedica-se ao estudo e militância relacionada às ações afirmativas para populações negras no ensino superior, coordenando o *Programa AFROUNEB: inclusão social e igualdade racial* – construção de uma nova cultura universitária na Universidade do Estado da Bahia. Paralelamente desenvolve pesquisa sobre memória de experiências de populações negras no recôncavo sul da Bahia, com base em depoimentos de homens e mulheres negros, com mais de 50 anos de idade. Leciona na graduação e no Programa Multidisciplinar de Pós-Graduação em Cultura, Memória e Desenvolvimento Regional da UNEB/Campus V. Recentemente passou a compor a diretoria da Associação Brasileira de Pesquisadores Negros (ABPN).
e-mail: wmattos@uneb.br

Este livro foi impresso em papel Chamois Fine
Dunas 80g/m² (miolo) e Cartão Art Premium
250 g/m² (capa), no verão de dois mil e onze.